ＡＩ面接

#採用

Toshiaki Yamasaki
山﨑俊明

東京堂出版

はじめに

２０１７年は日本におけるＡＩ（人工知能）の本格的な幕開けの年になりそうです。６月に東京ビッグサイトで第一回目の「ＡＩ・人工知能ＥＸＰＯ」が開催され、３日間で４万人以上の来場者を集めました（主催者調べ）。産業界全体がＡＩの可能性を探り、その熱気に沸き立っています。事実、マスメディアでも「ＡＩ」の文字を見かけない日はないと言っても過言ではありません。

ＡＩの進化は私たちの暮らしに大きな影響を及ぼすことは間違いないでしょう。近いうちに車の自動運転が可能になれば、事故は減るでしょうし、運送や介護の現場など人手不足の業界にＡＩを搭載したロボットが導入されれば、労働人口の減少が懸念される日本にとっては朗報です。

一方で、「ＡＩによって仕事を失ってしまうのではないか？」という不安を抱えている人も少なくないでしょう。ＡＩをロボットでイメージすると、単純作業や力仕事が思い浮かびますが、囲碁や将棋といった人間の頭脳と対戦する勝負でもＡＩは圧倒的な強さをみせています。

さらに驚くべきことに、日本経済新聞社ではＡＩ技術を使って文章を作るシステムを導入し、『決算短信』を作成、電子版で配信しています。上場企業が決算資料を開示してからわずか10秒足らずで原稿が完成し、ネットに掲載するまでの時間は１分から２分程度だというのですから驚きです。人間に交じって、既にＡＩ記者が活躍しているというわけです。

このような現状を知れば「今の自分の仕事は将来、どうなるのだろう？」と思うのも無理のないことです。つまり「人vs.ＡＩ」という構図が頭の中に浮かび、不安を覚える人も少なくないと思います。


あらゆる業界のあらゆる業務にＡＩが導入される――。

この流れは今後、さらに加速していくでしょう。『日本経済新聞』とイギリスの『フィナンシャル・タイムズ』が共同で実施した調査研究では、人が携わる約２０００種類の業務のうち、３割はロボットへの置き換えができるという結果が出たそうです。日本に限っていえば、ロボット導入の余地が大きく、55パーセントの業務が自動化できるといいます（米国マッキンゼー・アンド・カンパニーの試算による）。

とはいえ、意思決定や計画の立案、経営など、まだまだＡＩが不得意とするジャンルも多く存在します。

では、企業の重要課題である採用活動についてはどうでしょうか。

「人を採用するのにＡＩ（ロボット）に頼るなんて……」という声が聞こえてきそうですが、実は採用活動こそ、ＡＩを導入し、変わっていくべき分野であると私は考えています。

私は前著『戦略採用』において、採用担当者の印象や直感に頼る面接をやめて、科学的な根拠に基づく「戦略採用メソッド」の導入を提唱しました。

それは「自社にはどんな資質を持った人材が必要か」という採用基準を決めて、その基準をクリアした人を見抜く「科学的な面接手法」を導入するというものです。多くの企業経営者、人事関係者の皆様方から反響をいただきました。

「人の資質を見抜く」という極めて人間的な課題が、ＡＩとなじむのか？　という疑問はもっともです。

しかし、この「戦略採用メソッド」の手法は科学的な根拠に基づくものですから、

ＡＩとはとても親和性が高いのです。面接にＡＩを導入すれば、採用担当者の負担を減らしてくれるばかりか、人が行う面接よりも精度の高いデータを収集でき、受験者の資質を見抜くことが可能になります。

そこで私は本書のタイトルを『ＡＩ面接#採用』と名づけ、ＡＩと「戦略採用メソッド」の融合こそが、真に必要な人材を見抜き、選ぶことができるということをお伝えしようと考えました。

グローバル化が進み、働く環境が変化している時代に、採用の勝ち組になるためには、どんな問題を解決しなければならないか。

そして、そのためにはＡＩをどう活用すればいいのか。

モノだけではなく、お金だけでもなく、企業の最も重要な資産である人材。優秀かつ必要な人材を獲得するために、本書がお役に立つことを心から願います。

２０１７年10月

株式会社タレントアンドアセスメント

代表取締役　山﨑俊明

第2章　AI活用のメリット

第3章 AI面接官「SHaiN」とは

第4章 AI面接サービスの仕組み

第5章 AI採用に対する「不安点・疑問点」に答える

第6章 「AI時代」の変化に対応すべきは人事部である！

おわりに

第１章

ＡＩ採用は
もう始まっている

私が代表を務めるタレントアンドアセスメントは、去る2017年6月28日、東京都内のイベント会場において、世界初となる（自社調べ）AI面接官による模擬面接のデモンストレーションを行いました。

この発表会の様子は多くのメディアに取り上げられ、採用担当者は、明治維新の幕開けの一因ともなった黒船がやってきたかのごとく、興奮を覚えると共に、まだ見ぬ世界に恐怖を感じた方々が多かったようです。

その証拠に、経済情報に特化したニュース共有サービス「NewsPicks」では、200を越えるコメントが寄せられ、多くの人事関係者がさまざまな意見を取り交わすことになりました。

この現象をどのようにとらえるべきなのか、どのように向き合っていくべきなのか。その答えを少しずつひもといていきたいと思います。

今、ITの進化によって、既成概念にとらわれず、新しいビジネスを生み出すことが可能な時代になりました。その流れは人事・採用の分野にも広がっており、この「AI面接官」をはじめ、次々と新たなサービスが生み出されています。

いまや以前にも増して優秀な人材を集めることが、企業の成長や拡大のための大きなカギを握っています。

本章ではその事例とともに、ＡＩでどんな採用サービスが始まっているかをいくつかご紹介しましょう。

エントリーシートをＡＩがチェック……ソフトバンク

大手電気通信事業者のソフトバンクでは、書類選考の段階にＡＩを導入しています。ソフトバンクほどの人気企業になれば、エントリーしてくる学生の数も膨大です。彼らすべてに面接を実施することは現実的に不可能でしょう。

そこで同社では、過去のデータを学習させたＩＢＭのＡＩ「ワトソン」を活用し、志望者が提出するエントリーシートをチェックします。ＡＩが提示した項目ごとの評価のうち、合格基準を満たす評価が提示された項目については選考通過とし、それ以外の項目については人事担当者が内容を確認して合否の最終判断を行います。

ソフトバンクではこのシステムを導入することによって、統一された評価軸でのより公平な選考を目指すほか、人事担当者がエントリーシートの確認作業に充てる時間を75パーセント程度軽減できると見込んでいます（同社プレスリリース、２０１７年５月29日付）。

同社では、既に２０１８年４月以降に入社する社員の選考からＡＩを導入しているとのことです（『日本経済新聞』２０１７年5月30日付）。

性格診断アプリケーション「ＧＲＯＷ（グロウ）」を導入……ＡＮＡ

その人が生まれつき持っている性格を診断するアプリケーション「ＧＲＯＷ」の導入を開始したのは、全日本空輸（ＡＮＡ）です。

ＡＮＡでは従来のエントリーシートによる書類選考と並行して、面接に進んでもらう学生を選ぶうえでのサポートツールとして、その学生の人柄を知るために導入したと話しています。

ＧＲＯＷの特徴は、学生自身が性格診断の結果をコントロールできないことにあります。従来、導入されていたＳＰＩ総合検査などでは、攻略本が流布していて、学生が回答の辻褄《つじつま》を合わせることで、ほんとうは内気な性格なのに、社交的であるといった結果を作り出すことが可能でした。

しかし、ＧＲＯＷの場合は、友人や知人をアプリケーションに招待して、質問に答えてもらうので、第三者の目線による強みや弱みがわかる仕組みになっています。開発元の Institution for a Global Society によると、スマートフォンを操作する際の指の動きや躊躇《ちゅうちょ》している時間なども含めて、ＡＩが判断するそうです。つまり、学生自身がウソをつこうとしても見破られてしまうのです。

ＡＮＡでは２０１６年のインターンシップでＧＲＯＷを利用し、その性能を見極めたうえで２０１８年卒の事務職の採用から活用を始めています。他に大手商社やＩＴベンチャーでも導入を決めているそうです（『日本経済新聞』電子版、２０１７年４月20日付）。

社員のデータをＡＩで客観的な選考につなげる……三菱商事

学生に人気が高い総合商社の三菱商事では、２０１６年の夏頃からＡＩを使った選考を研究しています。人事部が持っている三菱商事社員のデータベースからＡＩに学ばせて、客観的な選考につなげるのが目的だといいます。

ＡＩの特徴として、**機械学習**および**ディープラーニング（深層学習）**があります。機械学習とは、コンピュータが情報やデータを解析して学習し、自ら法則やルールを見つけ出す技術のことです。そのため、人があらかじめすべての動作をプログラムする必要はありません。ディープラーニングはそれをさらに進化させたもので、コンピュータがデータに含まれる潜在的な特徴を自ら捉え、正確で効率的な判断を実現させます。ＡＩはこの２つの学習機能を有していて、簡単に言えば、大量のデータを読み込ませれば、勝手にその中の特徴を学習して、それを活かして判断してくれるというわけです。

三菱商事の場合、同社で求められる人材の能力は「経営人材としての資質があるかどうか」だといいます。そのために必要な能力は２つあり、ひとつは物事の本質を見抜いて先を予測できるかどうか、そしてもうひとつは実行力です。これらを含めて「三菱商事で活用できそうだ」と思われる人材を選ぶために、ＡＩに社員のデータからその特徴を学習させて、選考に利用しようというのです。

現在はまだ研究段階だそうですが、実用化されるのは時間の問題でしょう（『日経産業新聞』２０１７年5月24日付)。

入社後の活躍を予測する「成長予測モデル」……セプテーニ・ホールディングス

三菱商事のように、社員のデータを蓄積し、採用に活かそうという企業は増えています。インターネット広告の大手、セプテーニ・ホールディングスでは、２００９年頃から蓄積していた社員のデータを活用して、採用活動に応用しています。

同社ではエントリーシートの内容から役員による最終面接までの一連の採用プロセスの中で、AIによる診断を採用か不採用かの尺度のひとつとして利用しています。同社によると、その中心となるのがAIの機械学習を使った「成長予測モデル」だといいます。つまり「この学生は入社後に活躍できるか？」を予測しようというのです。

その根拠となるのは、蓄積している社員のデータです。２０１８年卒の学生を対象にした新卒採用では、AIが予測したその学生の成長予測を採否の判断に加えています。

同社では、学生にウェブサイトでアンケートと同社独自の適性診断を受けてもらいます。その後、グループワークが2回、役員面接が1回という採用ステップを踏んでいます。同社によれば「役員面接では、それまでにAIを含めた結果と役員の印象を照らし合わせて評価していますが、両方の結果はほとんどずれていなかった」とAIの信頼性を評価しています。同社は「成長予測モデル」とチームとの相性をもとにして、相性のいい部門への配属を行うとしています（『日本経済新聞』電子版、2017年4月20日付）。

AI導入で内定時期を前倒しに……ユニリーバ・ジャパン

ユニリーバの日本法人、ユニリーバ・ジャパンは、2017年6月から新しい採用制度に基づく選考を始めています。従来の新卒採用は4年生が中心ですが、同社は大学1年から卒業後3年以内の既卒者までを対象にしています。AIやゲームを活用した適性試験、オンライン上での面接、インターンシップ（任意参加）などを含む過程を経ていれば、1年に3回実施する最終面接が受けられ、そこで認められれば内定をもらえます。

この制度を利用すれば、学生は早ければ入社の2年前に内定を得ることができるため、入社まで2年の猶予があるのです。この間に海外留学や社会活動への参加も自由で、入社時期は4月か10月を選択できます。

ＡＩ活用の内容は詳細にされていませんが、外資系らしく、採用手続きの柔軟性を高め、海外の大学の学生や優秀な人材を獲得しようという先進的な試みです（『日本経済新聞』２０１７年6月20日付）。

エントリーシートを1時間で分析……三菱総合研究所＆マイナビ

ここからは、ＡＩを活用した採用サービスに目を向けてみましょう。

就活サイトでおなじみのマイナビは三菱総合研究所と共同で「エントリーシート優先度診断サービス」を開発しています。エントリーシートの内容や説明会の参加状況などをＡＩに学習させて、内定が出る人の特徴を導き出し、学生の優先度を示してくれます。

このサービスでは、数千人分のエントリーシートをわずか1時間ほどで分析できるといいますから、そのスピードは驚異的です。分析されたエントリーシートを受け取った採用担当者は、この結果を面接する学生の選考に利用します。

エントリーが殺到する企業にとっては便利なサービスで、２０１６年10月のサービス開始以来、導入する会社が増えているそうです（『日本経済新聞』電子版、２０１７年４月20日付）。

リクナビスカウトで学生にアクセス……リクルートキャリア

リクナビを運営するリクルートキャリアでは、ＡＩを使った「リクナビスカウト」というサービスを開始しています。

企業側はリクナビが用意している「リーダー経験」や「接客」といったいくつかの検索項目を選んでおきます。そうすれば、該当する学生を自動的にピックアップできるのです。

このリクナビスカウトはリクナビ上で複数の企業の応募に使える「Open ES」を利用している学生30万人を対象にしています。企業側はピックアップされた学生に「あなたのここに関心を持ちました」という選んだポイントを伝えたうえで、学生にアクセスできるという仕組みです（『日本経済新聞』電子版、2017年4月20日付）。

人事制度をサポートするAI……NEC、日本オラクル

これまで新卒採用に関するAI導入の動きをみてきましたが、AIの導入は新卒だけではなく、転職マーケットでも導入されています。

2015年の12月に開発されたNECのシステムは、AIが人の代わりに書類選考を行います。過去に入社試験を受験した約2000人の履歴書データと採否の結果があれば、その企業がどんな人材を採用してきたのかAIが学習します。AIはこのデータをもとに、入社志望者の履歴書を分析し、その企業の方針に合った人材を選び出します。

このサービスは人材紹介会社が顧客企業と求職者をマッチングする際に使用され始めています。今後、さらに精度が高まれば、AIによって採用候補者の絞り込みが一段と進むでしょう。NECでは「AIで客観的な判断ができる点をアピールし、さら

に導入社数を増やしたい」と話しています。

また、大手ITの日本オラクルでは、AIが人事異動についてアドバイスを行うシステムの開発に乗り出しています。社員の経歴や勤務実績などのデータをもとに、その社員がどこの部署や役職に最適かを判断するものだそうです（『毎日新聞』2016年8月25日付）。

AI面接サービス「SHaiN（シャイン）」……タレントアンドアセスメント

AIを面接に活用しよう――。

本章の冒頭でも紹介したこの画期的な試みは、タレントアンドアセスメントが2017年10月から提供しているサービスです。

詳しくは追って第3章と第4章でご紹介しますが、AI面接サービス「SHaiN」は、**それまで採用担当者が行っていた面接を、AIに任せてしまおうというもの**です。

エントリーしてきた学生は、「SHaiN」のアプリケーションをスマートフォンにダウンロードして、面接を受けるか、あるいは指定の場所で「SHaiN」のアプリケーションを搭載したロボットの面接を受けます。とりわけ前者の場合は、いつでもどこでも面接が可能になります。そのため、学生側にとっては、特に地方在住の学生には交通費の負担がなくなるほか、他企業の面接とのバッティングも避けられ、さらには留学生のエントリーも容易となるなどの、機会損失の改善が図れるメリットがあります。

一方の企業側にとっては、**面接を行うための場所の確保、実施時間の制約、採用担当者の時間などをやりくりする必要がなくなる**という、最大のメリットがあります。

もちろん、「戦略採用メソッド」を活かしているため、**人の経験や勘による評価のばらつきが改善され、採用基準の統一が図れる**というメリットもあります。

このAI面接サービス「SHaiN」は既に大手企業で導入が決定しており、海外メディアでも取り上げられるほど話題になっています。

企業の採用担当者は、面接セッティングのために関係者と予定を調整し、会議室を予約するなどといった事務作業に忙殺されることが多いのですが、仮に10人の候補者と面接を設定する場合、事務作業は16時間にも及ぶという試算が出ています（『日本経済新聞』２０１７年8月24日付)。このＡＩ面接官を活用すれば、企業にとって非常に大きなメリットがあるといえるでしょう。

このように、人事・採用においてＡＩ利用はますます広がっていくでしょう。

次章では、なぜＡＩ活用がこの分野において非常に重要なのか、詳しくご説明したいと思います。

第2章

ＡＩ活用のメリット

AIの進化が採用活動を変える

第1章では、人事・採用分野においてAIがどのように活用されているかについて紹介しました。

本章では、AIをこの分野で活用することの意味と具体的なメリットを、実例を交えて詳しく説明します。

その前に、まず「AI」というものを少しおさらいしておきましょう。

私が子どもの頃、関西のタレント・上岡龍太郎（元・漫画トリオの横山パンチ）さんが、「渡ってはいけない青信号と渡ってもいい赤信号」というおもしろい話をしていた記憶があります。

「青信号だからといって、車が走ってきているのに横断歩道を渡るアホはいない。けど、ロボット（コンピュータ）は青なら渡ってしまう。クマしかいないような原野に信号があって赤だったら、ほんまはあかんけど、人は渡る。その区別がわかるのが人間や」と。

これは、人とコンピュータの違いを見事に言い当てていると思っていました。

しかし今、AIが登場しました。AIを搭載したクルマの自動運転もそう遠くない将来に実現するところまできています。「止まらなければならない青信号」をAIが判断できるようになったのでしょうか？

そもそもAIは、データを入力すれば計算してくれる一般的なパソコンとはどこが違うのか？　このあたりがAIの理解を混乱させている理由かもしれません。

コンピュータは、ある方程式に基づいて計算します。a＋b＝Xというルールを入れておけば、その方程式にしたがって答えを出します。それは言い換えれば、あらかじめ方程式を学習させておかなければ、答えは出てこないということです。

たとえば、人間がリンゴの写真を見たとき、形や色、大きさなどに関係なく、瞬時にリンゴであることを認識できます。さらに、リンゴと梨も簡単に見分けることができます。しかし、コンピュータの場合は、画像からリンゴの何らかの特徴、たとえば「赤い」とか「丸い」といった特徴をあらかじめ学習していないと、それがリンゴだとは認識できません。リンゴの形や色は、世の中に無数に存在するものであり、すべてを学習させることは至難の業です。ここまでは従来の機械学習です。

では、ＡＩはどうでしょうか？　ＡＩもコンピュータですから、機械学習を行うことに変わりはありません。ただし、機械学習の中でも、人間の脳をモデルにした「ニューラルネットワーク」と呼ばれる技術を多層的にすることで、より人間に近い考え方ができるようになりました。

その特徴のひとつが、**ディープラーニング（深層学習）**です。ディープラーニングの登場する前は、技術者がリンゴの基準となる特徴をあらかじめ方程式のように設定しておく必要がありました。しかし、ディープラーニングでは、リンゴのデータを大量に入れて学習させておけば、人が関与しなくても、リンゴらしさを勝手に学んで判断してくれるようになったのです。

その結果、これまでコンピュータが苦手としていた抽象的なデータを認識できるようになったのが大きな特徴です。

ゲームの世界で見てみると、チェスはどういうゲームであるのかを論理的に表現することができました。つまり、チェスはプログラムに記述することが可能であったため、従来のコンピュータでも人間よりも強かったわけです。

一方、将棋の場合はどうでしょうか。

将棋には「歩」から「王将」までさまざまな駒があります。将棋は相手の駒を取ることができ、取った駒の種類によって、どこに置くか、そこに置いたらどうなるかということも記憶しなければなりません。記憶する局面が無数にあり、その学習が多い人ほど、強い棋士ということになります。

それがＡＩになると、ＡＩ自身が過去の対戦データを機械学習し始めました。盤面に点数をつけ、動きを点数化し、ＡＩに機械学習させるのです。その結果、人間が指さないような手を指せるようになり、勝つことができるようになったのです。

さらに今や、囲碁のように点数化が難しい勝負でも、画像認識ができるようになり、ディープラーニングが可能になってきました。それで囲碁でさえも、ＡＩが人間に勝利するようになったのです。それぐらいＡＩの知能は進化しています。

このように、ＡＩは人間の知能に近づきつつあり、さらには人間のように都合よく忘れることもありません。また、データを処理する能力も高いため、大量のデータの中から、必要な条件の何かを探し出すことが得意です。そのため採用のプロセスにおいて、大量のエントリーシートの中から、設定した条件を持つ人の選別などに適しています。

ただ、ＡＩを採用活動に導入しようとしても、まず「ＡＩに何を学習させるのか」また「学習させるために必要な大量のデータは蓄積されているのか」という点が問題になります。ですから「今すぐにＡＩを活用したい」といっても、それは難しいことなのです。逆に言えば、過去の受験者のデータや社員の入社後のパフォーマンスなどをデータ化して蓄積している企業なら、ＡＩは導入しやすくなります。

昨今は人事労務領域の変化を表すキーワードとして**「HRテック」**が使われ始めています。ＨＲテックとはヒューマンリソースとテクノロジーを組み合わせた造語で、人事領域においてクラウドやＡＩなど新しい技術を活用する方法をさしています。採用や適材適所、社員の評価、給与、業務改善といった幅広い分野で技術開発が進んでいます（『日本経済新聞』２０１7年8月24日付）。

いずれにしても、ＡＩの進化が人海戦術や過去の経験則に頼らざるを得なかった採用活動に大きな変化をもたらすことは間違いありません。

紙媒体から就活サイトの時代へ

21世紀に入った頃から、学生の就職活動も劇的に変化しました。企業へのエントリーの入り口がそれまでの紙媒体から就活サイトに代わったからです。

紙媒体の時代は、旧帝大七校（北海道大学、東北大学、東京大学、名古屋大学、大阪大学、京都大学、九州大学）のほか、早稲田大学、慶應義塾大学をはじめとする有名私立大など、上位校の学生のところには『リクルートブック』をはじめとする就職活動のための企業紹介の冊子が大量に届きました。そこにはエントリー用の往復ハガキもついていて、そのハガキを出せば、会社説明会の案内が届くという仕組みでした。

一方、あまり知られていない大学の学生のところには、冊子は数冊しか届きません。ですから、そもそも上位校の学生とは企業の情報量が違いました。彼らは届いた冊子に掲載されている企業の中から自分が行きたい企業を選び、自ら準備した往復ハガキなどでエントリーしますから、もともと選択肢が少なかったのです。現在のように就活サイトから誰でもどこの企業にでもエントリーできるわけではありませんでした。これは学生側からみれば不公平ではあるのですが、一部のポテンシャルのある学生は、その不公平さを自らの行動力で打破していました。

インターネットのない時代は、企業の情報を得ようとしても、どのように調べればいいのか、そこには知恵が必要でした。私自身、大量に就活冊子が送られてくる大学の学生ではなかったので、エントリーの詳細を調べたり、会社説明会に参加するために、直接、企業に問い合わせたり、入社案内をもらうために、その企業の本社まで足を運んだこともありました。

そんな不公平さも、一方の企業側にとってはメリットがありました。学生が資料請求してくる段階で、その企業を受験する動機づけが固まっていたからです。今のように「一括エントリー機能」を使って、一度に何十社もエントリーすることはできないので、学生は自ずと受けたい企業を自らの意志で絞り込んでいたのです。

自ら選んで自らがその企業に対して資料請求なり、情報収集なりのアクションを起こす。企業側が学生に動機づけをする必要は今ほどありませんでした。

また、そういう行動を起こすということで、実は**イニシアティブ**や**バイタリティという資質が計れた**のです。たとえば、就活冊子を送っていない学生から応募があったとしましょう。その学生は何らかの方法で、応募するための情報を手に入れるという行動を起こしたのです。つまり、自らの意志で行動に移せるという資質を持った人です。

有名企業に関していえば、自分たちの情報を提供していたのは上位校の学生だけ。つまり、エントリーしてくれる学生たちがそもそも上位校の人たちですから、あまり真剣に面接などの選考をしなくても、それなりに優秀だと思われる人が採用できたという側面があります。

それがリクナビ、マイナビなどを中心とした就活サイトの時代の現在は、難関大学から三流大学、文系・理系を問わず、誰でもインターネットからエントリーできるようになりました。学生側には不公平感はなくなりますが、そうなるとサイトのオープンとともに大勢の人が複数の企業にエントリーするようになります。パソコンからはエントリーが簡単ですから、学生によってはひとりで100社以上エントリーする人もいます。

このような状況では、人気企業であればあるほどエントリーが殺到し、収拾がつきません。会社説明会に来てもらう学生の選別だけでも骨の折れる仕事です。

エントリーする学生が増えたということは、企業側にとってはありがたいことです。それだけ学生という母集団が増えるということだからです。しかし、その膨大な数の学生の中から、いかにして「自分たちが欲しい学生を採用するか」という選考は非常に難しく、手間のかかる仕事になりました。その結果、エントリーシート（ＥＳ）に書かれた出身校による選別、いわゆる「ＥＳ差別」が生まれたという側面もあるといわれています。

つまり、エントリーしてくる学生は玉石混淆《こんこう》で、その中から優秀かつ自社の採用条件に合った人を見抜く目を持つことが必要になったのです。

そのための方法はひとつしかありません。

科学的な根拠に基づき、受験者の資質を見抜くための面接を実施することです。

前著『戦略採用』で、私はそのことを強く主張してきました。しかし、就活サイトの時代に合わせて、採用方法の見直しを行っている企業はどれくらいあるでしょうか。紙媒体時代の「経験や勘」と言いながら、面接らしい面接をしてこなかった文化が、今も変わっていない企業が多数あるように感じます。

学歴、ＳＰＩやクレペリン検査の結果と入社後のパフォーマンスは関係なし！

エントリーしてくれた学生に対して、ペーパーテストを行うのは、公平性を保つためでしょうか。それとも「学歴だけで採用の可否を決めていない」というポーズなのでしょうか。

学生の性格を診断するテストとして、**ＳＰＩ総合検査やＣＵＢＩＣ適性検査、内田クレペリン精神検査（略して「クレペリン検査」とも）**などが今も行われています。

今や世界的な企業となったグーグルによると、社員のデータを集めて分析した結果、学歴や大学の成績と入社後のパフォーマンスには相関性がないことがわかったそうです。そもそも、もし高学歴の人だけがビジネスの世界でも成功するのなら、松下幸之助や本田宗一郎はあれほど活躍できなかったはずです。

ＡＩ面接サービス「ＳＨａｉＮ」を誕生させた、タレントアンドアセスメントのメンバーも、学歴はバラバラです。国立大学の出身者もいますが、無名大学の出身者もいますし、文系もいれば理系もいます。でも、そんな小さな会社が世界で初めてのサービスを誕生させたのです。決して東大チームや京大チームが発想したわけではありません。

最初にエントリーシートを作ったのはソニーだそうですが、そのソニーが最初に大学名にこだわらない採用を行いました。学歴と仕事のパフォーマンスに関係がないことを知っていたのでしょう。

学歴だけでは必ずしも能力を読み切れないということが明らかになったことから、もうひとつ別の方法として、ＳＰＩなどの性格診断手法を用いているのではないかと思います。しかし、これら既存の性格診断手法にも限界があることが明らかにされつつあります。

最も古い性格診断手法のひとつとしては、**クレペリン検査**があります。一桁の数字がズラリと並んでいて、その数字を延々と足していく検査です。それで何をみるかというと、たとえば、1回目は90個できました。2回目は80個でした。3回目は70個でした。このできた数のバランスを精神分析するというドイツのエミール・クレペリン博士が考え出した作業曲線の理論です。これをもとに日本の内田勇三郎という人が１９２０年代から１９３０年代に開発したのが、クレペリン検査です。

たとえば、この結果は90個、95個、１００個と上がっていくというのが普通の状態だ、という定義があります。これが90個、１００個、１５０個ではおかしい。それではどうして最初はこれだけしかできなかったのか。差がありすぎるということで、感情的な起伏が激しい人はこういう結果が出るのではないかということをチェックするのです。ですからクレペリン検査は、たくさんできればできるほどいいというわけではありません。

続いて登場したのが**ＳＰＩ総合検査**です。日本で初めての総合適性検査として、１９７３年に開発されました。性格と能力の２つを測定する検査で、リクルート系の企業が開発したものです。これは今も広く使われており、２０１２年の実績で９０００社以上の企業が導入しています。

他には個人の資質や特性を「性格」「意欲」「社会性」「価値観」の側面から評価するという「ＣＵＢＩＣ適性検査」という検査も導入されています。しかし、残念ながら、これらの検査と入社後のパフォーマンスを追うと、必ずしもそこに相関性は見られないという結果が出ています。今はビッグデータの時代ですから、そういう検査とパフォーマンスの関連を示すデータは容易にはじき出せるのです。

これらの検査結果は、なぜそのような評価が出たのかという評価のプロセスがブラックボックスになっていて、どのような科学的根拠に基づく結果なのかが明確にされていません。いわゆるデジタル的に結果のみが示されており、アナログ的にその結果に至るまでの道筋がわからないため、それ以降の面接などで活用が難しいという短所があります。

もっとも、採用活動自体がこれだけ変化しているのに、未だに何十年も前に開発された検査を続けているというところも、大きな問題であるように思います。

Google（グーグル）の求める資質とは？

採用というのは、非常に難しいものです。しかし、それを理解し、改善しようとしている企業はあります。そういう点でグーグルの親会社であるアルファベットの会長はさすがにおもしろいことを言っています。

アルファベットの会長、エリック・シュミット氏は「グーグルのマネジメント哲学の基礎は急成長していた黎明《れいめい》期に築かれた」と述べています。それは「混沌とした状況を耐え抜ける人材を見つけることの重要性だった」と言います。

グーグルの規模が拡大した結果、グーグルは優秀で感じのいい「潤滑油」のような人材を採用し続けました。しかし「彼らは職務と職務のあいだに入り、物事を潤滑に進める役割を果たすが、彼ら自身はたいした価値を生み出さなかった」と語っています。

そのため、シュミット氏は2人の共同創業者らと共にグーグルの採用システムを見直し、才能ある人材を発掘するためにさまざまなプロセスを編み出しました。そして、最終的には「根気強さと好奇心。この2つの組み合わせが成功を収められるかどうかの最高の指標になる」という結論に達しました。

また彼は「この2つの資質を見抜くことができるのなら、採用のプロセスはさほど重要ではない」とも語っています。つまり、採用のプロセスが大事なのではなく、この2つの資質をどう見抜くかが大事だと言っているのです（『BUSINESS INSIDER JAPAN』２０１7年6月17日付）。

粘り強さというのは物事をやり抜く「バイタリティ」という資質です。好奇心旺盛というのは「イニシアティブ」という資質に集約されます。この2つが強ければ、仕事での困難も乗り切れるというのは間違いなく、実を言うと私がかつて在籍していたアクサ生命も選考の際、この2つをとても重視していました。

それに比べ、日本ではいかがでしょうか？

「当社には○○の資質を持った人が必要だ」という確固たる採用基準を決めている企業はどれくらいあるでしょうか？

そして、その採用基準に合った人材を見抜く目を持った採用担当者はどれくらいいるでしょうか？

ソフトバンクのナンバーワン採用

日本ではソフトバンクが一部でおもしろい採用手法を用いています。いわゆる「ナンバーワン採用」で、どんなことでもかまわないので「私はこれでナンバーワンになりました」と自己推薦する学生なら、自動的に二次面接に進めるという制度だそうです。大学の一芸入学をイメージしていただくとわかりやすいですね。

過去に内定した学生は、野球場でビール売りのアルバイトをしていて、売り上げがナンバーワンだったそうです。

これは「過去の行動でナンバーワンになったことのある人は、入社してからもナンバーワンになる実力を持っている」という判断に基づくもので、私が考えている「戦略採用」のメソッドと同じ考え方です。

野球場でビールの売り上げがナンバーワンになった人は、何か特別な工夫をしてナンバーワンになったはずです。たとえば、周りの人の分まで買うリーダー格の人を見つけて一度に何杯も買ってもらうとか、一度買ってくれた人のところにはもう一度回って、必ず二度買ってもらうとか。

つまり、ナンバーワンになるために、何を考え、どういう行動を起こしたか。

そして、なぜナンバーワンになりたかったのか。

それらを聞くと、その人の評価ができるということです。

「過去の行動は将来の行動を予言する」

これは、「戦略採用」の重要な考え方です。人の資質というものはそう簡単に変わるものではありません。ましてや「ナンバーワンになった」という成功体験がある人は、その達成感や喜びを知っているので、またナンバーワンになるように努力や工夫を続けられるはずです。つまり「再現性」に着目しているのです。

ソフトバンクのナンバーワン採用は一見、荒唐無稽のように見えて、実は「過去の行動」という根拠に基づく論理的な方法です。それを科学的に体系化しているかどうかはわかりませんが、少なくとも方法論としては間違っていないと思います。

人の資質は見抜けるか?

タレントアンドアセスメントのロゴマークは、氷山をモチーフにしています。氷山の海面上に見えている氷は、「氷山の一角」といわれるように、氷山全体の一部にしかすぎません。氷山全体の大きさをつかむためには、海面下にある氷の大きさを知ることが大切です。

人材にも同じことがいえます。履歴書や職務経歴でわかるスキルや知識・経験は能力の一部にしかすぎません。人材の能力を知るためには、行動の根底にある資質を見抜くことが重要です。

では、その人の資質を見抜くというのは、具体的にどういうことなのでしょうか。

その例をここでご紹介しましょう。

まず、その人の資質(性格・本質)を見抜くためには、4つの条件を知ることが必要です。その4つの条件とは、

①状況……どのような状況であったか
②課題……どんな課題（任務）が与えられたか
③行動……その課題をクリアするために、どのような行動をとったか、あるいはとらなかったか
④結果……その行動で結果はどうなったか

です。

たとえば、戦国時代の三大武将、織田信長、豊臣秀吉、徳川家康を例にとって考えてみましょう。

「鳴かぬなら◯◯しようホトトギス」は、この三大武将のたとえ話として有名です。この場合、①の「**状況**」は、「鳴かないホトトギスがいる」になります。

②の「**課題**」は、「鳴かせる」ことです。

そして、③の「**行動**」は、それぞれ違います。

信長は「殺してしまえ」という行動に出ます。また秀吉は「鳴かせてみよう」ですね。そして家康は「鳴くまで待とう」です。

④の「**結果**」は、「死んだ、もしくは鳴いた」と仮定します。

ここからそれぞれの資質を分析できるのです。

まず、信長は殺してしまえと言う人ですから、他人の痛みがわからないということになります。つまり**感受性が乏しい**と言えます。さらに自分の信念に基づいて実行する力が非常に強いため、**自主独立性が高そう**だと分析できます。こういう人は現代風に言うと、パワーハラスメントをする傾向が高い上司です。

次に秀吉ですが、鳴かせるために何らかの努力をします。つまり**イニシアティブが高い**人です。時代劇のエピソードでもよく出てくるように、秀吉は信長の草履を懐に入れて温めました。それは誰かに言われたからそうしたわけではなく、自らの意志で動いたわけです。これは**始動性**といって、自らの意志ではじめに動く力を示しています。これは、創意工夫をする力を示しています。こういうタイプはクリエイティブな仕事であったり、営業であれば新規開拓に向いています。

最後に家康です。家康はホトトギスが鳴くまで待ちます。「待つ」というのは、実は気力と体力、そして責任感がないとできないことで、それは**バイタリティの高さ**を表します。

このように、状況、課題、行動、結果の４つの条件を調べれば、自ずとその人の資

（図1）戦国三大武将の資質を見抜く

資質（性格・本質）＝① 状況×② 課題×③ 行動×④ 結果

≪戦国三大武将のたとえ話から資質を分析する≫

	①状況		②課題		③行動		④結果		評価結果（資質）
信長	鳴かないホトトギス	×	鳴かせる	×	殺す	×	仮に、「死んだ／鳴いた」と想定してみる	＝	感受性：低　自主独立性：高
秀吉	鳴かないホトトギス	×	鳴かせる	×	鳴くようにはたらきかける	×	仮に、「死んだ／鳴いた」と想定してみる	＝	イニシアティブ：高
家康	鳴かないホトトギス	×	鳴かせる	×	鳴くまで待つ	×	仮に、「死んだ／鳴いた」と想定してみる	＝	バイタリティ：高

質は見えてきます。われわれはさらにそれを数値化することで、その人の資質を見抜くという面接メソッドを提供してきました。これを、ＡＩを使って調べるのが、後述するＡＩ面接サービス「ＳＨａｉＮ」の仕組みです。

結婚と採用面接はよく似ている

「３年３割」といわれる離職率。終身雇用が前提ではなくなった時代と言ってしまえばそれまでですが、ほんとうにそれだけでしょうか。もし、その企業での仕事や待遇に満足していれば、すぐに転職とはならないような気がするのですが……。

ちょっと余談にお付き合いください。「採用（就職）活動」と結婚相手を探す「婚活」は、「マッチング」という意味において共通する点が多いと思います。結婚する前はあんなにステキに見えた相手でも、結婚して24時間一緒に過ごしてみると「ああ、この人にこんなところがあるなら、結婚しなければよかったわ」となることもあるのではないでしょうか。

このようなギャップは、結婚する前のデートの時間や状況によって生じてしまう問題で、採用前の面接とよく似ています。

デートはだいたい2時間から3時間。時間帯はアフター5かウィークエンドのストレスがない時です。場所は夜景のきれいな高級レストラン……と最高のデートスポットで時間を共にします。しかし、これを何十回繰り返したとしても、相手の本質は見抜けないということは実証されています。なぜならば、そういった「とっておきのシチュエーション」では、なかなか相手の本質を見抜けないからです。

これと同じことが、採用面接でも言えるのです。

面接時間はひとりにつきだいたい10分から15分、長くてもせいぜい30分。時間帯は9時から18時までの就業時間内。場所はプライバシーが守られるように会社内の個室などに設定されます。

これを数回繰り返しただけで、果たしてその人の本質が見抜けるでしょうか？

何度もデートを繰り返す結婚相手の本心ですら見抜くのは難しいのに、採用面接はもっと短い時間しか受験者に接触する機会がありません。しかも、相手は入社したいがために、採用担当者や役員に気に入られようと精一杯演技していることも考えられます。

（図２）結婚と採用面接はよく似ている

〈採用面接〉

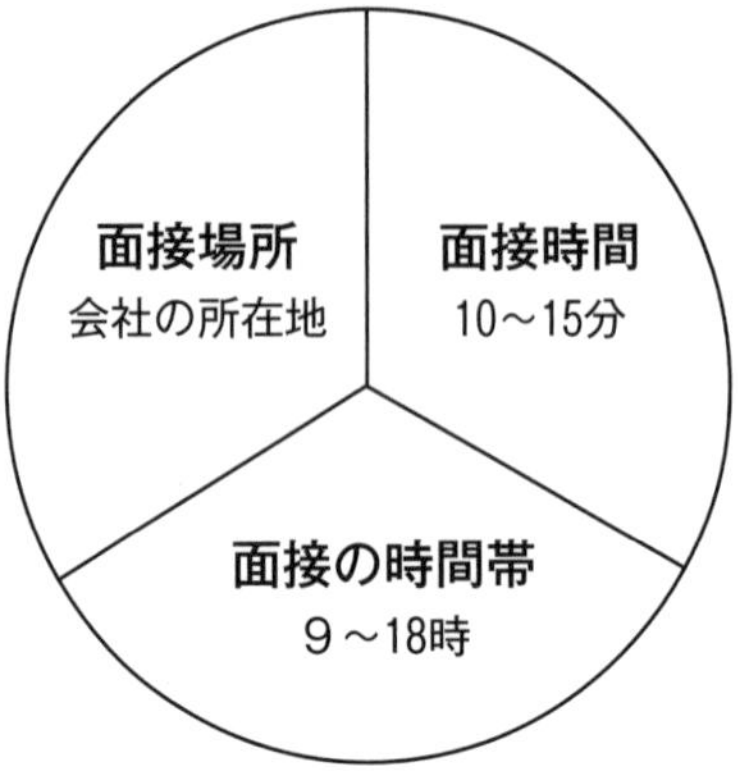

＝

〈結婚〉

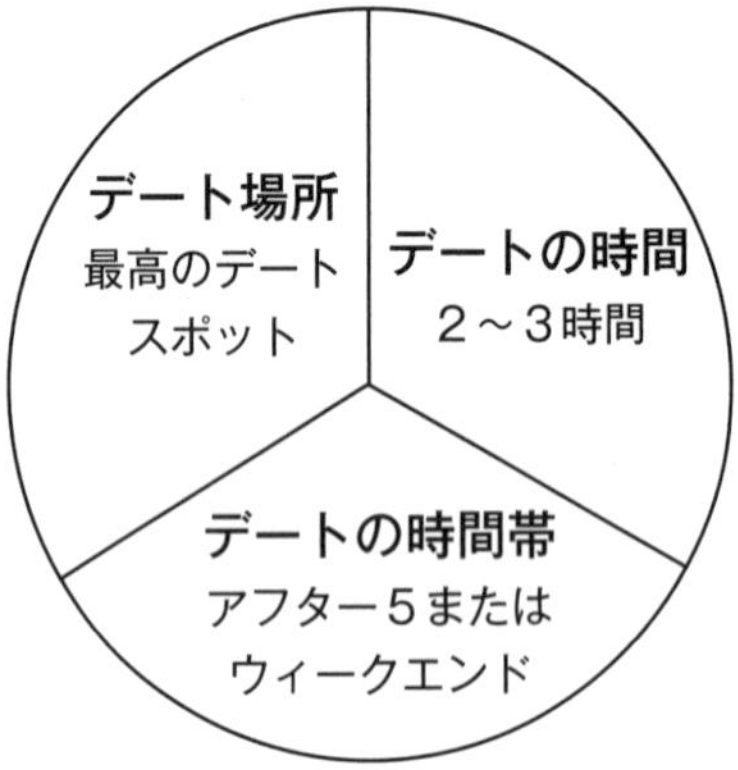

それでも、採用担当者は受験者の資質を見抜かなければなりません。今は3組に1組が離婚する時代ですから、離職率が3年3割であっても、決して不思議ではありません。むしろ、そのミスマッチが起こらないようにどんな策を講じるか。

採用というマッチングに関して、AIの力を借りて、よりミスマッチを少なくしようというのが採用活動にAIを導入する本来の目的なのです。

グローバル化、ダイバーシティが日本で遅れた理由

私は経営者や採用担当者のみなさんによく例としてお尋ねします。

「もし、ロシアで生まれてフランスで育ち、イギリスのオックスフォード大学を卒業した優秀な人材がエントリーしてきたら、あなたはその人材を面接することができますか？」と。

世界はグローバル化が進んでいます。このような事例は、アメリカのシリコンバレーでは決して珍しいことではありません。日本語という「鉄の壁」を持ち、極東の島国という日本においても、それは例外ではないのです。

しかし、グローバル化、ダイバーシティという点においては、日本は欧米諸国に比べて、遅れをとっていると言わざるを得ません。これは由々しき問題です。

その理由のひとつに、冒頭の質問のような国際色豊かな人材を面接できるノウハウを持っていないことがあげられます。

海外でのビジネスチャンスにおいて、たとえば中国でビジネスを展開するにあたり、「現地で中国人を採用しましょう」といっても、中国語を話せる日本人が少ない。となれば現地採用は現地の人たちに任せることになるので、彼らの考えで採用されてしまいます。そうなれば、グループ会社であってもグループ共通の意識を持てないような人たちが集まり、そのグループのフィロソフィー（哲学）が行き届きません。トヨタほどの世界的な大企業になれば話は別でしょうが、現地法人の採用にはこのような問題が内包されています。

一方、日本における外国人採用や帰国子女の採用に関しても、似たような問題は起こります。

先日、帰国子女の小学生から話を聞く機会がありました。その子はハワイから帰ってきて日本の小学校に通っているのですが、その小学校は国際色が豊かで、日本語の校内放送が流れた後に、同じ内容の放送が英語でも流されます。その子はハワイ帰りですから、日本語も英語も両方聞き取ることができます。そこで「どっちの言葉で聞いているの？」と尋ねると「日本語で聞いて、英語で確認する」と答えました。やはり、自分が慣れている言葉（その子の場合は英語）のほうがラクなわけです。

面接という緊張する場面においては、やはり、自分が慣れている言語のほうが話しやすいのは明らかで、その人の魅力や能力も含めた本質がより出やすいのは当然のことです。言語の問題が、日本企業のグローバル化、ダイバーシティを遅らせているのは、実にもったいない話です。

「戦略採用」にＡＩの力は欠かせない

私が提唱している「戦略採用」の重要なポイントは、その大部分が海面下に隠れている氷山のように、その人自身が持っている資質を見抜くことです。それは、前述のように学歴や職務経歴書では計れないものです。

長年、採用活動に携わってきた採用担当者のみなさんは「会って話をすれば、だいたいわかるよ」と言います。しかし、採用担当者の経験と勘に頼る面接では、そもそも絶対評価ができません。

たとえば、Aさん、Bさん、Cさん、Dさんと4人を面接して、ひとりだけ二次面接に進むとしましょう。担当者は「AさんよりはBさんのほうがいいな」と思いました。次にCさんを面接したら、「CさんよりはBさんの方がいいかな」と思い、さらにDさんを面接したら、「CさんよりDさんの方がいいかな」と思いました。でもBさんとDさんを比べたときに、面接から時間が空いてしまったこともあってどちらがよいのか、判断がつきません（図3参照）。

また、この評価は、面接官個人によっても変わる可能性があります。このような相対的な評価の中で、ひとりを選ぶことはとても難しいのです。

この4人を公平に判断しようとすれば、それは絶対評価に変えるしかありません。絶対評価をするためには、4人に同じ質問をして、答えを分析して数値化するのがいちばん早い方法です。

たとえば絶対評価の場合、3・5ポイント以上で合格、という採用基準を設定したとします。4人に同じ質問をした結果、答えを分析して数値化すると次のようになり

（図３）相対評価と絶対評価の違い

〈相対評価の場合〉

Aさん ＜ Bさん ＞ Cさん ＜ Dさん

↓　　↓

Bさんと Dさん、どちらがいいか判断がつかない

〈絶対評価の場合〉

★採用基準は3.5ポイント以上と設定

Aさん　3.1

Bさん　3.6

Cさん　3.2

Dさん　3.4

↓　　↓

Bさんが合格

ました。

Aさん3・1ポイント、Bさん3・6ポイント、Cさん3・2ポイント、Dさん3・4ポイント。

よってBさんが合格、ということが一目瞭然です。

人が面接をする場合は、どうしても先入観や、話の流れの中で聞きもらしなどが発生し、すべての人を公平に判断することはとても難しいのです。

しかし、**AIなら、すべての人に同じ質問をして、同じように評価することは得意です**。そこに余計な感情が入ることもなければ、手心を加えることもありません。

もっとも、このようにAIに面接を任せるということは、科学的な面接手法が確立されていなければ不可能です。科学的ということは、根拠があるということです。「なぜAという答えにこの点数をつけるのか」「なぜBという答えに対してこの点数をつけるのか」という技術があるのです。これまでに多くの面接データの蓄積があり、それを科学的に分析できるからこそ、AI面接官を開発できたのです。

面接で見抜ける「11の資質」

前著の『戦略採用』では、まず、その会社がどんな資質を持った人材が欲しいかということを定義していただき、その資質を見抜くための面接を行うメソッドをお伝えしました。

人にはさまざまな資質があります。しかし、ビジネスの上で必要な資質はかなり限られています。それを採用担当者のみなさんはいろいろな言葉で表現されますが、私たちはそれを集約し、以下のように定義しています。

①バイタリティ……課題をやり遂げようと、最後まで自己を投入させていく能力

②イニシアティブ……より高い目標に向けて、自ら進んでなすべきことを考え出し、他に先んじて行動を開始する能力

③対人影響力……個人や集団に対して働きかけ、目標達成の方向にまとめていく能力

④柔軟性……状況に応じて、自分の行動やアプローチを修正・適応していく能力
⑤感受性……個人や集団の感情や欲求を感じ取り、それに適切に反応する能力
⑥自主独立性……周囲の意見や反応に惑わされず、自分の信念に基づき職務を遂行する能力
⑦計画力……目標達成に向けて、与えられた経営資源を、効果的に計画・組織立てる能力
⑧インパクト……自信ある態度や親しみやすい雰囲気で他から注目を引き、自分の存在を強く印象づける能力
⑨理解力……会話や文章の中から、その要点を正しくかつ速く理解する能力
⑩表現力……自分の考えや情報を、会話や発表の場面で明確・効果的に表現する能力
⑪ストレス耐性……諸々の圧力や抵抗の中でも、心理的に安定して課題をやり遂げる能力

これらをすべて数値化することで、エントリーしてくれた学生の資質を見抜きます。

（図４）ＡＩ面接サービス「SHaiN」で見抜ける資質

「SHaiN」で評価される項目は、以下の11項目です。

	資質	キーワード
質問項目	①バイタリティ	粘り強さ、責任性、エネルギッシュ、打たれ強さ
	②イニシアティブ	上昇志向、前向き、知的好奇心、自発性、創意工夫
	③対人影響力	ビジョン、動機づけ、巻き込み、主体的指揮
	④柔軟性	状況理解、フレキシブル、自在性、適応性
	⑤感受性	気持ちへの敏感性、共感性、気配り、気遣い、チームワーク
	⑥自主独立性	信念的、度胸、自己主張、自律的
	⑦計画力	段取り、タイムマネジメント、ＰＤＣＡ、明確な目標、優先順位
観察項目	⑧インパクト	好感度、明るさ、清潔感
	⑨理解力	頭の回転、正確性、迅速性
	⑩表現力	伝達力、明瞭性、簡潔性
	⑪ストレス耐性	落ち着き、平常心、克服力

採用担当者はそのデータをもとに、次の段階に進める人を選択すればいいのです。

採用のプロセスとAI導入の領域

一般的な採用のプロセスとしては、まず、エントリーしてきた学生に対して、会社説明会（同時に筆記試験を実施する場合も）を行いますが、会場確保の問題もあり、この時点で既に学生を選別していることが多いでしょう。

次に採用担当者による一次面接、管理職による二次面接、そして、役員による最終面接が一般的なプロセスです。

学生はエントリーするということを簡単に考えているかもしれませんが、エントリーして会社説明会に呼んでもらっている学生は、実は既に選考されています。会社説明会で筆記試験があって、ここで次に面接が2〜3回、多ければ5回ぐらい行う企業もあるかもしれませんが、最終が役員面接です。

前述したように、紙媒体から就活サイトの時代に変わり、エントリーした大量の学生たちを大学名などで選別していかざるを得ない理由は、最終面接までに人数を絞らなければならないという企業側の事情でしょう。

たとえば、エントリーが1万人あるとします。そこから一次面接に至る学生は2500人、二次面接で1000人、最終面接に300人。そして250人内定、という流れで選考するとします。

この場合「選考」というプロセスが優秀な人材を見抜くための選考なのか、最終面接で役員が会う人数は300人ほどが限界だから、そこまで絞るための選考なのか、よくわかりません。

私はこれは「数字合わせにすぎない」と思っています。なぜ数字合わせだと思うかといえば、現実には出身大学（学歴）で絞っていることがほとんどだからです。けれど、再三お話ししているように、学歴と仕事のパフォーマンスは相関性がありません。とりあえず絞っていくひとつのフィルターがエントリーシートの志望動機に表れている熱意であったり、学歴であったりするわけです。

そもそもその人の資質はその程度のことでは見抜けないものです。せっかくエントリーしてくれたダイヤモンドの原石を見落としてしまうような選考をどうして続けているのでしょうか。

人とＡＩが共に生きる時代に

みなさんは「２０４５年問題」をご存じでしょうか。２０４５年といえば、あと28年ほど先のことですが、この頃「シンギュラリティ」が現実になるといわれています。「シンギュラリティ」とは日本語で「技術的特異点」といわれています。レイ・カーツワイルという人が提唱した概念で、簡単に言えば、ＡＩが進化して、人間の知能を超えるのが２０４５年頃で、遺伝子学、ナノテクノロジー、ロボットの3要素が発展することによってもたらされる、人類の生活を革新的に変容させる特異点のことです。この時代の到来を見越して、ソフトバンクの孫正義氏は引退を撤回したという話もあります（『日本経済新聞』２０１６年6月22日付）。

人間の知能指数はせいぜい１００ぐらいです。歴史上、天才といわれるアインシュタインやレオナルド・ダ・ビンチでも２００前後です。それに対して、ＡＩはいずれ1万にまで達する可能性があるそうです。

人間のＩＱを超えたＡＩを組み込まれたロボット。彼らロボットが多数登場し、人類の生活は大きく変わります。生活や産業のあらゆるシーンでロボットが活躍し、人間を助けてくれます。しかし、そうなると、人類はロボットに取って代わられるか、というＳＦ的な心配が生まれないわけではありません。しかし、孫氏は逆のことを言っています。

「ソフトバンクが開発した世界で最も賢いロボットが、人類のコンパニオン、仲間となって一緒に活動することになる。そして森羅万象を学んだＡＩが人類を大災害や不治の病から守ってくれるようになる。人類は今よりもっと豊かで、より生産性が高く、より楽しい人生を送れるようになる。そして、３００年以内には人類の寿命が２００歳を超えるのではないか、と思っている」（『ASCII.JP』２０１7年2月28日付）

つまり、**人類がＡＩ（ロボット）と共生する社会が来る**ということです。

人を採用するという企業活動にＡＩを導入する。そこに人事を担当するみなさんが一抹の不安を感じるのはわかります。しかし、「人vs.ＡＩ」という図式ではなく、ＡＩができることと人がやるべきことを棲《す》み分け、お互いに補完し合えば、現在よりももっと素晴らしい社会が実現するのではないかと思います。

採用活動においても「人vs.ＡＩ」ではなく、**「人＋ＡＩ」**。

ＡＩに採用を任せる、あるいは取って代わられるのではなく、ＡＩの力を借りて、より自社に必要な人材を選択できるようになる。

それがこれからの採用の新しいカタチなのです。

第3章

ＡＩ面接官
「ＳＨａｉＮ」とは

AI面接サービス「SHaiN」の登場

２０１７年６月28日、株式会社タレントアンドアセスメントは、世界初（自社調べ）のＡＩ面接サービス「ＳＨａｉＮ（シャイン）」をお披露目する記者発表会を開催しました。

「ＳＨａｉＮ」とは、Strategic（戦略）Hiring（採用）AI（人工知能）Navigator（装置）の頭文字を取ったものです。ＡＩを搭載したスマートフォンやロボットが、企業の面接官に代わって面接を行い、その結果を面接評価レポートにまとめ、企業に提供するサービスです。

おかげさまでマスコミでも大々的に取り上げていただき、国内外から多数の問い合わせを頂戴しました。

みなさん、ＡＩと聞けば、どうしてもロボットのような形あるものをイメージされることが多いので、「ロボットに大切な面接を任せていいのか？」とか、「やはり、面接は人にしかできないのでは？」といった声をいただきます。それはもっともなご意見です。

それでもなぜ、私が「面接にこそＡＩを導入すべきだ」という発想に至ったのか？　そこからご説明しましょう。

私が提唱している、科学的な根拠に基づいた「戦略採用」の重要なポイントは、**「その人の資質を見抜くために過去の行動を聞き出す」**という面接の手法でした。

そのためにはまず、会社が求める人材を定義し、５～６の資質に絞り込みます。そして「戦略採用」のメソッドに基づき、面接官にトレーニングを受けていただくと、それらの資質を見抜くための面接のスキルが身につきます。これでかなり受験者の資質を見抜くことができるようになりました。しかし、それでもやはり「人としての限界」が課題として残りました。

それは、採用担当者（人）が面接している限り、面接は「労働」であり、労働には**時間や環境やコストなどさまざまな制約がある**ということです。

大勢の応募者の中には、素晴らしい資質を持ったダイヤモンドの原石とでもいえるような人材がいるかもしれません。しかし、人が面接を行う限り、面接できる応募者の数には限りがあります。応募してくれたけれど、面接に呼ばなかった学生の中に、実はダイヤモンドの原石が交ざっているかもしれないのです！

また、人が実施する面接である限り、面接できる時間帯や候補者一人当たりにかけられる時間、面接官一人ひとりのスキルのばらつきといった問題が残ります。

ならば、労働時間も関係なく、また候補者の人数分だけ量産できるＡＩに面接を任せれば、面接が人間の「労働」という制約から解放され、しかも、公平さが保たれ、受験者の資質を確実に見抜くことができるのではないかと思いついたのです。

幸いなことに、タレントアンドアセスメントでは、科学的な根拠に基づく面接の手法を確立しており、これまで面接を行った人のデータの蓄積もあります。面接官の質問に受験者が答えたデータがあれば、その受験者の資質を見抜くことができるように、ＡＩをディープラーニングさせることはそれほど難しいことではありません。

人が面接という労働から解放され、しかも、人が行うよりも精度の高いデータがとれるなら、それはＡＩに任せてもいい仕事です。そこからＡＩ面接サービス「ＳＨａｉＮ」の開発が始まったのです。

ＡＩ面接では見抜けない資質もある

ただし、ＡＩ面接が万能かというと、残念ながらそうではありません。人には多種多様な資質ありますが、ＡＩに限らず、そのすべてを面接というひとつの方法だけで見抜くことは不可能です。

面接で見抜くことが可能な項目は**11の資質**です。

たとえば、バーチャル・ビジネス・ゲームである「インバスケット」であれば、「**決断力**」や「**判断力**」というのは見抜きやすい資質ですが、面接では見抜きにくいものです。「**組織力**」や「**権限委譲**」も間接ではなく、グループ討議のほうが見抜きやすいでしょう。

また、「**リーダーシップ**」は「対人影響力」に含まれるので、ＡＩ面接でも判断できますが、それよりもグループ討議のほうがより明確に見抜けるでしょう。

短時間の面接で難しいのは「**ストレス耐性**」です。15分の面接であれば、多くの人が我慢できます。それで一般的な面接なら乗り切れますが、実際に雇用してみたらス

（図５）ＡＩ面接サービス「SHaiN」 導入イメージ

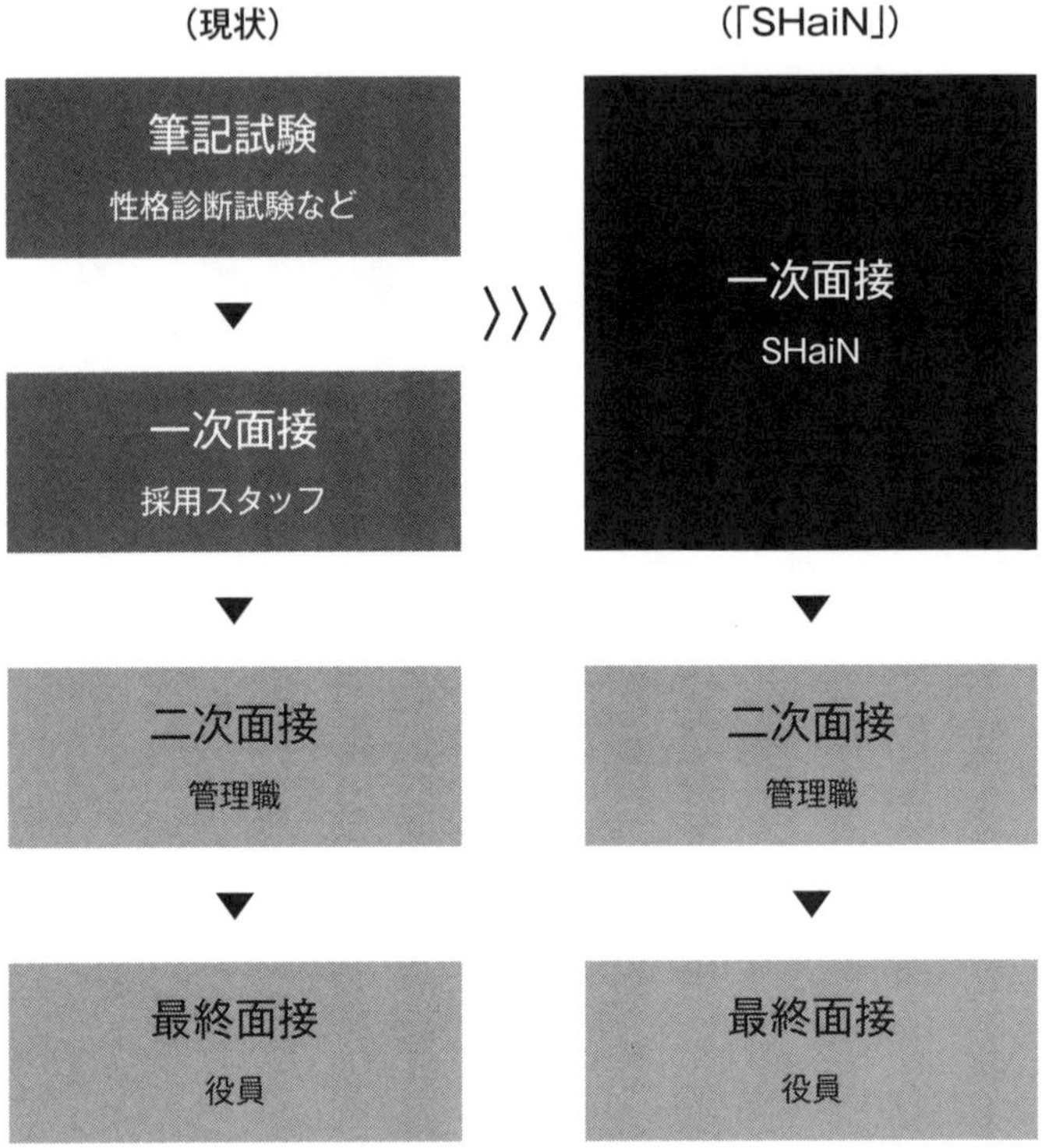

トレス耐性が全然ないということもあり得ます。仕事は一日7～8時間は続けて勤務し、それが毎日続くわけですから、そのストレス耐性を短時間の面接で見抜くのは難しいのです。

資質とは別に、ＡＩがまだどうしてもできないのは、**学生と企業の文化的・哲学的な一致・不一致を判断するということ**です。いわゆる「この人は優秀だけれど、うちの会社のカラーじゃない」という部分。社風と言い換えてもいいかもしれませんが、その企業に合う人なのかどうか。これはＡＩではなく、企業の人たちが決めなければなりません。

またどんなに頭が良くて、外見の印象がよくても、「この人と一緒に仕事をしたいとは思えない」という場合もあるでしょう。つまり**企業と人との「相性」**です。これこそが部長職以上の役員が見抜く仕事なのです。

これは結婚を決めるときと同じです。たとえ、美人（男前）で頭やスタイルがよくても、この人と結婚したいと思うかどうかは、相性次第ではないでしょうか。

ところが、部長職以上の人が先に面接していると、「会社に合うか合わないか」の判断が先になってしまうことがよくあります。「あ、この学生はうちの会社と相性が合うな」と。それで採用してみたら、実はビジネスの能力がなかったということもあり得ます。ですから、順序が逆ではダメなのです。一次でＡＩ面接を通って、二次を通り、最終面接に残ります。最終面接に残った10人は、基本、全員が能力・資質を備えている人なので、そこで役員が相性を見るというのが理想的な最終面接です。

最初から「うちの社風と合いそうだ」という部長の判断で採用すると、部長の好みの社員だらけになってしまい、部長の腰ぎんちゃくばかりが多くなってしまいます。

Ⅰ　面接のクオリティーと公平性の問題が解決できる

面接官の質と公平性が保たれる

科学的な「戦略採用」実施のプロセスとして、自社で採用基準を決定し、採用したい人の資質を明確にしたら、次に必要になるのはその資質を見抜く面接の技術です。これは何度もお伝えしている通り、採用担当者の経験や勘に頼るのではなく、科学的な面接の技法に基づく必要があります。

この面接の技術をわれわれが確立していることは前著『戦略採用』でもお伝えしました。しかし、その技術はマニュアルを作れば身につくというものではなく、やはり、一貫した研修が必要です。われわれはそのプログラムを提供しています。

しかし、それでも人によって面接技術のばらつきは出ます。「戦略採用」を導入している企業では、毎年、面接技術の教育研修を実施しています。

「こういう聞き方で面接してください」と指導するのですが、それで周知徹底できるかというと、やはりなかなかそうはいきません。どうしてでしょうか。それは、面接の担当者が、必ずしも人事部の人だけではないからです。

エントリー数が多い企業の場合、人事部だけでは対応しきれませんから、どうしても他部署の応援が必要になります。そこで、クオリティーの差という問題が生じてしまうのです。

これまでの経験では、採用担当者の人たちは研修にも積極的でスキルの習得もスムーズです。一方で、本来は採用部門に籍を置いていない人たち、たとえば営業部からの応援部隊などの場合は、なかなか習得が難しいようです。その理由は、面接技術がなぜ必要なのかという、そもそも研修の理由や導入することになった事情が、採用部門の人たちのように浸透していないからではないかと思います。つまり、どうしても採用に対する温度差があり、それが面接技術の差になって表れてしまうのです。

たとえば、ある企業では営業部長、あるいは業務部長が面接を行います。はたまたその業務部の課長である人が一次面接、二次面接と面接を繰り返していったりします。その面接したという仕事が、その方たちの評価イコール給与に結びついていないということが一番の原因だと推測します。彼らは「会社のために」と思って一所懸命面接しているけれども「自分が面接して入社させた社員が、もし何か失敗したら、自分の給与が下がる」という意識や責任感を持って面接にのぞんでいるわけではありません。

面接で「志望動機」を聞く面接官がいますが、これはＮＧ質問の典型的な例です。志望動機を聞いて熱意が測れると思い込んでいる面接官がいますが、志望動機がない人はそもそも応募してきません。しかも「御社が第一希望です！」と言われたところで、面接官は気持ちよくなるかもしれませんが、それで受験者の資質が測れるものでもありません。

あるいは、受験者に不快感を与えるような質問をわざと投げかけて、その人のストレス耐性をみるという面接官もいます。人に不快感を与えて試すような企業は、ブラック企業と言われても仕方ありません。

受験者のバイタリティを知りたければ、それがわかるような質問を設定しなければならず「こういうやり方で面接してください」と研修でお願いしても、その通りにやらない面接官は結構います。どんな面接を行っても彼らの評価は下がらないからです。自分たちの興味本位であったり、バイアスをかけた面接からなかなか脱却できないのです。

では、人事の人たちはどうかといえば、一所懸命に教えられた通りにやろうとしてくれます。人事の人たちは「戦略採用」が必要だと思って導入していますし、実際に面接技術を体得してから行ってもらうので、この人たちは非常にクオリティーの高い面接ができます。それで、応援部隊として協力してくれている他部署の人たちとクオリティーに差が出てしまうのです。

そこでＡＩ面接サービス「ＳＨａｉＮ」の登場です。人の手がかかり、クオリティーにばらつきが出る面接そのものをＡＩ面接官に任せて、面接の技術研修の手間を一気に省いてしまおうというわけです。

人を教育する時間やコストが不要になるうえに、ＡＩなら人の面接の場合に起こるスキルの差や好みなどの要素は排除されますから、客観的で公平性も保たれ、人が行うよりも精度の高い面接データを入手することができるのです。

どんな面接官でも聞きもらしはある

人による面接の場合、面接官のクオリティーの差という問題がありました。

では、人事でクオリティーの高い面接をできる人だけが面接をすればいいのかというと、そういうわけにはいきません。限りなくクオリティーの担保はできるけれども、実際問題としては、それでも取りこぼしが出てきます。ひとつの話にひきずられ、聞くべきことをきちんと聞けていなかったり、集中力が途切れて聞き忘れたりということはしばしば起こります。そこはＡＩと生身の人間の違いなのかもしれませんが、どうしてもミスは起こるものです。

前にご紹介したように、ある資質を見抜くためには、４つの質問をする必要があります。

「状況」「課題」「行動」「結果」です。この４つはすべて聞かないと判定ができません。

「状況と行動と結果は聞いたけれど、課題を聞き忘れた」では、判断はできないのです。

ちなみに「課題」というのはハードルのことで、そのハードルが高いか低いかによって評価の点数が変わります。たとえば「大学４年間アルバイトしていました」という人でも、自分のお小遣いのためにアルバイトをしているのか、母子家庭で学費を自分で工面しなければならなかったからというのでは、ハードルの高さが違うので、点数が変わってくるのです。

また、面接官の中には、受験者の話を直接ビジネスに関係がないからといって、途中で切ってしまうような人もいます。しかしよくよく話に耳を傾けてみると、実はその人の資質を見抜くための大切な要素が含まれている可能性があるかもしれません。

ＡＩであれば、プログラムされていることは絶対にやってくれるので、人間のように「しまった。聞き忘れた！」ということもなければ、また、途中で話をさえぎったりすることもありません。人間のように、相手が話しにくそうにしていると、つい助け船を出したり、途中で聞くのをやめてしまうという配慮もしません。しかも「時間がないから次の質問にいきます」ということもないのです。

ＡＩ面接官はシビアです。ある質問の答えが、判断のために必要な情報として「量が足りない」と判断すれば、何度でも辛抱強く聞き返し、必要なデータを取るまで続けます。正確なデータを取ることは確実に資質を見抜くための絶対条件ですから、その点において、ＡＩ面接官は人間よりもインタビュアーに向いているのです。

日本人以外も面接できる

第2章でもお話ししましたが、日本ではグローバル化、ダイバーシティが遅れています。その大きな理由のひとつが日本語という「鉄の壁」でした。グローバル化というならば、もっと英語を話せる日本人が多くてもいいような気がするのですが、そこは英語教育との兼ね合いもあるので、今後に期待するしかありません。

現状では、英語もろくに話せない人が外国人を面接するというのも無理な話です。しかし、ＡＩを使えば、言葉の壁は日本特有の「鉄の壁」ではなくなります。現実にＡＩを使った翻訳技術は進み、実用化されています。

ＡＩ面接サービス「ＳＨａｉＮ」では、今後、英語、中国語、フランス語などの言語に対応させていく予定です。ＡＩ面接官を導入し、言語の問題がクリアされれば、世界中の優秀な人材を面接することが可能になります。そうなれば、日本のグローバル化、ダイバーシティは一歩も二歩も進むことでしょう。

Ⅱ　面接の物理的な条件を解決する

採用活動における面接が、面接官の「労働」である限り、さまざまな制約があることを先に指摘しました。ＡＩ面接官なら、制約による３つの物理的な条件を解消することが可能です。

面接時間に制限がない

現状の面接を考えていただくと、面接時間の問題は最も大きなポイントであるといえます。なるべく大勢の学生と直接会いたい。そのためには、グループ面接を実施したり、10分から15分程度の個別面接を実施したりすることで対応せざるを得ない状況です。これは一定期間に新卒者の一括大量採用を行う日本の宿命でもあります。

これこそが本末転倒であると思うのですが、大人数の面接を一定の期間で実施するためには、一人当たりの面接時間を頭割りするしかありません。本来、その学生の資質を見抜くために行われるはずの面接が、頭割りの時間でわずか10～15分で終わってしまう。これでほんとうにその人の資質が見抜けるのでしょうか？　見抜けていないからミスマッチが起こり、「3年で3割の離職率」という現実があるのです。

エントリー数が多い企業であればあるほど、面接できる人数も時間も限られています。それでも優秀な人材を取りこぼしたくないとなれば、それを補ってくれるのはＡＩ面接官です。

ＡＩ面接官であれば、採用担当者が面接するわけではありませんから、面接時間がどれだけかかっても問題はありません。むしろ、受験者の資質を見抜くために必要なデータを取るために、1時間以上かけることも可能です。

ＡＩ面接サービス「ＳＨａｉＮ」では、面接の開始から終了までの所用時間はだいたい60分から90分です。これだけじっくり話が聞ければ、受験者の資質を見抜くためのデータの取りこぼしの心配はありません。面接本来の目的である「その人の資質を見抜く」ためには十分な時間がかけられるのです。

またＡＩ面接官は、詳しくは後述しますが、スマートフォンであるため、受験者の人数分だけ配置することが可能です。つまり、受験者が１０００人いれば１０００人のＡＩ面接官が世界中で同時に面接することが可能になるわけです。

24時間いつでも実施できる

よほどの例外をのぞいて、面接は企業の就業時間内に行われます。それは再三お話しししているように、面接が担当者の「労働」であるからです。どこの企業でもたいていは9～18時ぐらいでしょうから、面接もその時間帯に限られます。これは面接する企業側の都合です。学生はその時間帯は本来、大学にいる時間帯ですから、それをやりくりして面接に来ているわけです。

そもそも経団連が就活解禁日について毎年議論するのは、就職活動が学業の妨げにならないように配慮しようという考えからです。しかし、現実はどうでしょうか。

企業側にとってもこの時間帯という制約があるために、一日に7～8時間しか面接することができません。担当者にすれば、ひとりでも多くの学生に会うためには、面接の時間は一日に何時間でも欲しいはずです。

ＡＩ面接サービス「ＳＨａｉＮ」は、この時間帯という問題も簡単に解決してくれます。なにしろＡＩが面接してくれるのですから、人間の就労時間帯は全く関係ありません。一日24時間、いつでも面接が可能になるのです。労働量は単純計算で一日8時間労働の人間の3倍、ＡＩが面接という労働を肩代わりしてくれるのです。

どこでも面接が可能に

大手企業が集中する首都圏の大学に通う学生と地方の大学に通う学生。就職活動におけるハンディは明らかです。それは就活にかかる経費の問題があるからです。

大都市圏に集中する企業を受験するために、学生はアルバイトをしてお金を貯め、そのお金を交通費や宿泊費に充てていることがほとんどです。自分が通う大学のあるエリアには自分が行きたい企業がない。そもそも有力企業もない。そうなれば、首都圏や関西、東海など、大手企業が集中しているエリアまで足を運び、そこで就職活動を行う必要があるからです。

最終面接ともなれば、たとえ高い交通費をかけても行く価値はあるかもしれませんが、それが会社説明会だったり、一次面接なら、お金をかけて行っても、落ちてしまったらそれまでです。これは地方の学生にとっては切実な問題です。そのため、たいていの学生は滞在費を考え、なるべくまとめて会社訪問をしたり、面接を受けに行ったりしています。

この問題においても、ＡＩ面接サービス「ＳＨａｉＮ」は威力を発揮します。ＡＩ面接官はスマートフォンにダウンロードできるアプリケーションですから、学生はわざわざその企業にまで出向く必要がなく、通信環境さえあれば自宅でもどこでも面接が受けられます。これによって、面接のための交通費や宿泊費は一切不要になります。

そうなれば、「わざわざ受けに行くのはお金がかかる場所だし大変だけれど、ちょっとおもしろそうな企業だから、受けてみようか」というエントリーが可能になるのです。

これは大都市圏の企業だけではなく、地方の企業にとってもメリットがあります。地方の学生が大都市圏の企業にエントリーしやすくなるのと同じように、首都圏の学生が、地方の企業に気軽にエントリーすることもあり得るからです。

また、地方企業にとっては、首都圏のＵターン、Ｉターンを希望している学生にアプローチすることが容易になります。

エリアの問題は国内の学生にとどまりません。たとえば、海外留学中の学生も、留学先で面接を受けることが可能になるのです。海外留学生が帰国したときには既に就活シーズンが始まっていて、その出遅れをなかなか挽回できないという現状があります。グローバル人材が求められる反面、実際のところ秋採用を実施する企業は少なく、海外留学生は不利な状況に立たされているのです。

中にはスカイプなどを使って面接を行う企業もありますが、時差の問題もあり、意外に普及していません。このことを取り上げた『日本経済新聞』では、「言葉も文化も違う異国の地での経験は、表面的な語学力以上に得るものがあるはず。（中略）そうした有能な学生を吸い上げる仕組みがあれば、企業にとってもより効果的な人材確保につながるのではないだろうか」と問題提起を行っています（２０１７年９月７日付、電子版）。

この「有能な学生を吸い上げる仕組み」こそが、ＡＩ面接サービス「ＳＨａｉＮ」です。「ＳＨａｉＮ」なら、いつでもどこでも面接を受けることができます。学生の帰国を待つ必要はなくなり、国内の学生と同様にスムーズな選考に移れるようになるでしょう。

III　採用にかかるコストの問題を解決する

面接官の人件費が不要に

新卒採用にかかるコスト、これは毎年、予算が決められているでしょうが、そこに採用担当者の人件費はカウントされているでしょうか？

面接する社員の人件費、これは多くの学生を面接すればするほどかかります。仮に100人の面接をひとり15分かけて行ったとすれば、

100人×15分＝1500分（25時間）

一日に5時間面接に充てれば、5日間で終わる計算です。

しかし、現実には15分の面接でその学生の資質は十分見抜けません。われわれが提唱しているメソッドでは、最低でも1時間ぐらいはかかります。ましてや、1000人のエントリーがあって、すべての学生に会うとなれば1000時間が必要になりま

（図６）ＡＩ面接サービス「SHaiN」 導入イメージ（面接）

	現　状	〉〉〉	ＡＩ面接官
面接時間	10～15分が限度		十分な面接時間（90分）
実施時間	早朝・深夜は不可		24時間面接が可能
面接場所	遠方の学生は不利		世界中どこからでもその場で面接できる
	▼		▼
結　果	時間や効率を優先した結果、資質を見抜けていない		見抜くことを優先することで、本来の資質や性格がわかる

すから、いったい何人の面接官を何日稼働させることになるでしょうか。

面接を担当する人の年収をみると、二次や最終面接になると８００万〜１０００万円クラスの管理職が多数を占めます。一次面接で年収５００万円クラスの若手社員が行うとしても、その人の時間単価はいくらでしょう。

採用担当者の面接にかかる労働コストを考えたとき、ＡＩ面接サービス「ＳＨａｉＮ」の導入が有利なことは明らかです。特に新卒採用の場合、面接の時期は集中します。その面接の時期だけ採用担当者を増やすことは現実的ではありません。

一次面接はＡＩ面接官に任せて、そこで選んだ人だけを二次面接でじっくり見る。これが業務量としても、人件費というコスト面から考えても、いちばん合理的な選考法ではないでしょうか。

他部署からの応援が不要になり、通常業務に支障が出ない

採用部門のマンパワーだけではとても面接に対応できない。その場合、関連部署や他部署に応援を求めるのが常です。

たとえば、営業社員候補を大勢採用したいという場合、営業部門に面接の応援を頼む企業は多いでしょう。

しかし、前述したように、営業部門の社員にとっては、それはあくまで「応援」であり、自分の数字（売り上げ）や評価とは関係ありません。自分の本来の仕事である営業活動を横に置いて、助っ人として駆り出されるわけです。これは本来の業務である営業活動の時間を削り、生産性を下げていることに他なりません。

「自分たちの後輩になる人材を選ぶため」と言ってしまえばそれまでですが、通常の業務に支障をきたすことは会社全体の生産性を考えると望ましくありません。

ＡＩ面接サービス「ＳＨａｉＮ」を導入すれば、一次面接に関してマンパワーは必要なくなるのですから、他部署に応援を頼む必要はなくなります。つまり、他部署の通常業務にロスを生むことがなくなるのです。これは採用部門と同じように、面接による人件費のコストがかからないということであり、通常業務に支障をきたすことがなくなるということです。

面接会場を準備する必要がない

面接にかかるコストの中で、最もわかりやすいのが面接会場確保の問題ではないでしょうか。

大手企業なら、社員を一堂に集める大きな会議室をお持ちでしょうが、そういう大手企業はエントリーしてくる学生の数も膨大なはずです。会社説明会やペーパーテストを行うためには一度に大勢の人が入れる場所が必要になります。個別の面接となると、プライバシー保護の観点からも、個室スペースが必要で、パーテーションによる仕切りなどの準備も必要になります。

そのような広いスペースがない、あるいは準備が追いつかないという企業の場合は、貸し会議室などレンタルスペースを利用して、面接場所を確保します。このコストはほんとうにバカになりません。

東京都心のレンタルスペースの場合、100人ぐらいが入れる広さでも、1時間あたり5万円前後はかかりますから、1日借りるだけでも40万円以上のコストがかかります。

このコストがあるがために、面接する学生の数や時間を絞らなければならないというのは、優秀な人を採りたいという目的からすれば、本末転倒です。

経団連の指針によると、２０１９年春に卒業・入社する大学生の採用スケジュールは、従来通りで、広報活動開始は3月1日以降、選考活動開始は6月1日以降、としています。会社説明会の解禁日（就活サイトのオープン、エントリーが可能になる日）から面接など選考の解禁日までが3ヵ月間です。内定式はその4ヵ月後ですから、選考期間は短期決戦です。面接解禁日直後に面接が行われることを考えれば、どこも面接日はほぼ同じですから、良い場所の確保は競争になります。これは人事部のみなさんにとっては悩ましい問題でしょう。

仮に面接をすべて自社内で行うという企業の場合でも、会社の中のスペースを面接のために使うということは、コストがかかっているということです。

ＡＩ面接サービス「ＳＨａｉＮ」を導入した場合、面接会場が一切不要になるわけですから、コストカットの面で、大きなメリットがあります。会場設営の準備といった手間もなくなり、人事部の業務負担は大いに軽減されます。

Ⅳ　その他のメリット

セクハラなどの不祥事が起こらない

人事部と協力して、大学の先輩社員が就活生に入社の働きかけを行う「リクルーター制度」。銀行や保険会社など金融業界で多く採用されていましたが、近年、この制度を廃止している企業の中には、過去にいかがわしい事件を起こした企業も含まれていたりします。

実はその根源には、ダイバーシティの遅れという問題が隠れています。

働いている正社員は男性が多いので、リクルーターも自ずと男性が多くなります。たとえば当時、多くの企業の場合、女性社員は一般職がほとんどで、転勤のある総合職の女性は圧倒的に少数派でした。リクルーターには総合職の人が選ばれますから、ほとんどが男性。ですから、女子学生に対して総合職の男性が接触せざるを得なかったため、不祥事を防げなかったともいえるかもしれません。

現在は女性の総合職が増えてきたので、「今ならまたリクルーター制度が可能」と言っている企業もありますが、男性総合職と女性総合職の比率が50：50なのかといえば、そんなことはあり得ません。けれども男性と女性の生まれる比率はほぼ半々で、銀行のように女性に人気のある業種では、女性のエントリー数のほうがむしろ多かったりするわけです。そうすると、どうしても男性が女性を面接しなければならないという状況になってしまいます。

リクルーター制度の問題点は、会社の外という「非公式の場」で行われるという点です。自社の社員であっても、人事部の目が行き届かない所では、残念ながらどんなことが起こるかわかりません。

そもそもリクルーター制度は、学生の「青田買い」という側面が強いのですが、不祥事のリスクを負ってまで行うのは、「いい人材を早めに囲い込みたい」という思惑があるからでしょう。しかし、そのために企業にとっては大きなダメージとなるリスクを負う必要があるのかどうか、私は疑問を覚えます。

また、社内の面接の場においても、厳しい質問や、上から目線の物言いは、圧迫面接やモラハラ、パワハラと受け止められることもあります。最近では、インターネットサービスの企画・運営を行う会社であるDeNAの人事担当者が、就活女子大生をホテルに連れ込むなどという事件までありました。その類いの情報はすぐに拡散しますから、思わぬところで「モラハラ企業」というレッテルを貼られてしまうこともあり得ます。

AI面接官なら、こういった不祥事が起こる心配はなく、学生にも安心して受験してもらうことができます。

二次面接で質問の深掘りができる

従来、学生を集めて最初に行われる筆記試験の中で、SPIやクレペリン検査などを行っても、結果の出し方がブラックボックスゆえに、その結果に基づいて二次面接を行っている企業はほとんどありませんでした。「あなたは論理的思考ができるようだけれど、どこにマークをつけたのですか?」などと聞けるわけではありませんから、結果を知ることはできても、それ以上の活用はできません。

しかし、ＡＩ面接サービス「ＳＨａｉＮ」の場合は、受験者の答えが一目でわかるレポートがあがってくるので、二次面接でそのレポートを活かすことができます。

よくある面接での失敗例として、一次面接と二次面接で同じ質問をして、学生の失笑を買っている企業があります。これは社内で情報が共有できていないことをさらけ出しているようなものです。要は一次面接でのレポートがなく、二次面接の担当者は一次でどんな質問をしたのかがわからないので、また同じ質問をしてしまうのです。

ＡＩ面接サービス「ＳＨａｉＮ」なら、あがってきた評定レポートを見て「ここをもっと知りたい」と思う項目があれば「あなたはＡＩ面接でこういうふうに答えていますが、もっと詳しく教えてください」という深掘りができます。一次面接と二次面接を連動させて、一次面接以降の選考に役立てることができるというわけです。

適材適所の配置ができる

われわれ面接のプロが面接を行った人たちの中には、会社では評価されていないのに、優れた資質を持った人が大勢います。

彼らはなぜ評価されていないか？

それは、置かれた環境が合っていない可能性があります。その人が持っている能力を発揮できるのは、その人に合った環境であり、また、企業なのです。

「入社するときは優秀だと思って採用したのに、実際に採用してみたらそうでもなかった」というケースはよくあります。たとえば、イニシアティブとバイタリティが高くて、自主独立性が高い人。こういう人は営業職に向いていますが、同じ営業でもルートセールスではなく、新規開拓でないと物足りなく感じるタイプです。

いくら素晴らしい能力がある人でも、その能力を発揮できる仕事環境がなければ意味がありません。会社はそれを理解し、適材適所に配置する必要があります。採用後の人事部の役割はそこにあります。

自分の能力を十分に発揮できるようなところで働けるというのは素晴らしいことです。適材適所に人を配置したら満足度が上がりますから、離職率は低下します。逆に言うなら、それができていないから、人が辞めていくということを理解しなければなりません。

採用時にその人の資質を分析したデータをまとめておく。これができていない企業では、適材適所の実現は難しいでしょう。もっとも、採用時にそこまでできている企業は少数派です。

AI面接サービス「SHaiN」は、**面接で見抜くことができる11の資質に関して、それぞれの資質を絶対評価で点数化し、長所も短所も把握できるレポートを作成します。**その結果をもとにして配属を決めていけば、その人本来の資質が活かされ、採用時に期待していた行動が出やすくなります。

つまり、採用した人材が自分の強みを活かし、短期間で企業側が期待する結果を残すことができるのです。結果が残せれば会社での評価も上がり、その人自身もやりがいを感じるため、転職は考えにくいでしょうから、結果的に離職率も低下します。

仕事を通じて働く人(社員)と企業がお互いにいい関係を保てる。

それが採用というマッチングの理想的なカタチであると思います。

人材のポートフォリオが作成できる

前著の『戦略採用』を上梓したとき、読者のみなさんから「金太郎飴みたいに同じようなタイプの人を採用する気はない」という声もいただきました。同じようなタイプの人を採用しないほうがいいというもっともなご意見です。ですが、現実は逆で、人が面接していると、どうしても金太郎飴になるものです。それはどうしても自分の好みのタイプを採用してしまうからです。

しかしながら、人事の採用担当者はそう指摘されることを嫌がります。自分の仕事を否定されているように感じるからでしょう。現実を直視すれば、長年の経験や勘に頼っている限りはどうしてもそうなってしまう。まずはその事実を認めなければいけないと思います。

その上で、AI面接サービス「SHaiN」で入社希望者の資質が見抜けるようになると、金太郎飴のように同じタイプの人ばかりを採用するのではなく、さまざまなタイプの人材を採用することができるようになります。そうなれば**「人材のポートフォリオ」**が組めるのです。

言うまでもなく、企業にとってのアセット（資産）はお金だけではありません。

人材はお金かそれ以上に大切なアセットです。だからこそ、ポートフォリオを組む必要があります。不動産が何パーセント、現金が何パーセント、株券が何パーセントというように資産を分散するのと同様に、人材も「チームワーク型」が何割、「個性型」が何割というように、ある程度タイプの配分を決めておくべきです。

たとえば、柔軟性や感受性が強く、自主独立性が低い人は、ルーチンワークやチームを組んだ仕事に向いているチームワーク型の人材です。

一方、イニシアティブが高くて柔軟性が低く、感受性とバイタリティはそれぞれ普通で、自主独立性が高いという人は個性型です。通常、こういう若い人は生意気に見えるので、採用されにくい傾向があります。しかし、「わが社にはこういう個性型の人材が少ないから、こういう人を採っておきたい」という場合は、ＡＩ面接サービス「ＳＨａｉＮ」でそれが可能になります。

仮に、チームワーク型の人ばかりを採用し続けると、社内はチームワーク型の人たちばかりになり、いざ新規事業を起ち上げようとしても誰もアイデアを出さなくなります。社長が新規事業のプランを出して実施しようとしても、彼らは実行力がなく、事業はうまくいかないでしょう。

その反対にイニシアティブが高い人ばかりを採用すると、既存のルートセールスのようなルーチンワークを嫌がります。彼らは決まったことばかりやるのは好きではないからです。

新規開拓向きの営業の社員を何割入れるか、反対にルーチンワークの仕事の人を何割入れるかというのは、やはり会社の素養です。ベンチャー企業であれば、開拓向きの人を多く採用しようとするでしょうし、そのベンチャー企業が成長して、上場するような段階になると、今度はチームワークを大切にする人たちを入れようとする傾向が強くなります。

社員のタイプが偏ってしまうと、こういった問題が起きることは明らかです。企業は中期計画に基づいて、どういう人材を採用するか、また教育する必要があるかをよく検討しておく必要があり、人材ポートフォリオに基づいて採用活動を行うことが不可欠です。

ポートフォリオが組めれば、あとは社員の3年後、5年後と追いかけて、パフォーマンスがどうなっているかといったデータを取っていく。それをビッグデータとして蓄積していけばいいのです。そして業績との相関性があるかどうかをみればいいのです。

社員の資質とパフォーマンスをビッグデータとして蓄積していけば、社員のアセス

（図7）人材ポートフォリオの例

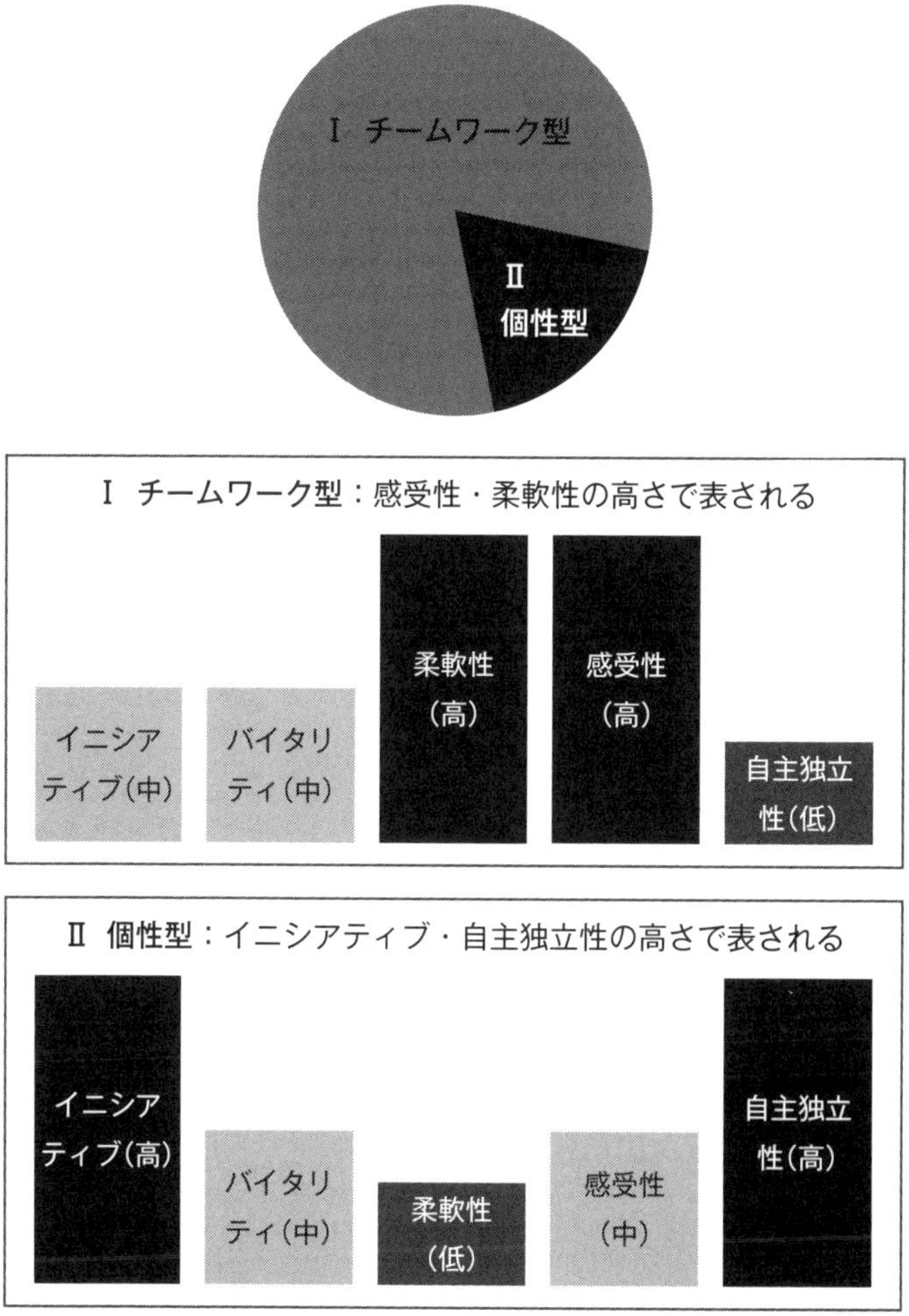

メントに活用することもできます。

ＡＩ面接サービス「ＳＨａｉＮ」を利用し、データの蓄積を続けていくことは、今後の人材活用を考えるうえで、ますます重要度が高くなっていくでしょう。

地方創生に貢献する

ＡＩ面接サービス「ＳＨａｉＮ」の大きなメリットとしてあげておきたいのが「地方創生」に貢献できるという点です。

地方創生のためにいちばん必要なのは人材です。地方企業がよくなろうとして、商品もサービスもいいものを生み出しているのに、どうして広まっていかないかといえば、単純に人材がいないからです。地方に行けば行くほど、優秀な人が少なくなっていくのが現状です。それは人口というパイの大きさが違うことも原因の一つです。そこを何とかすることによって、地方というのは活性化するのではないかと思います。

結局、企業は人で成り立っているのです。地方創生の根幹は、いい人材がその地方に集まることなのです。

けれどもいい人材が地方で集まらないというのは、もちろん立地的な問題もあるでしょうが、いい人材をスカウトすることができていないという理由もあると思います。

優秀な人材は首都圏、東京に一極集中しているといいますが、それは優秀な人材は大企業が集まる東京で就活をするため、どうしても東京に優秀な人が集まっていくわけです。東京の優秀な人を地方にまで連れてくることができるのならば、ほんとうは交通費を払ってでも会いたいはずです。

少子高齢化を迎えている現在、地元を離れて大都市圏の大学で学ぶ学生たちに「Ｕターン就職」を促そうと、各自治体もさまざまな策を打ち出しています。多くの学生が帰省する時期に合わせてＵターン就職の説明会を開く自治体もあります。福井県が福井市で２０１７年7月に開催した企業説明会には、学生の多い東京、名古屋、大阪、京都などから無料バスを運行したそうです。

他の自治体も頑張っています。山形県では県外の学生が山形の企業と面接などをする際、交通費1万円を2回まで補助しています。新潟県も交通費と宿泊費を合わせて、1万円を3回まで出しています。秋田県では、県内に就職した場合、奨学金の返済で最大60万円を補助する制度を開始しています（『朝日新聞』２０１７年9月4日付）。

その点、**ＡＩ面接サービス「ＳＨａｉＮ」は面接の時間と場所を選びません**。そのため、地方にある企業へのエントリーがしやすくなり、優秀な人材の大都市圏集中の改善に寄与できるのではないかと考えています。

たとえば、島根県にある企業が学生を募集しても、島根県にいる学生は多くありませんから、ほんとうは首都圏や関西など学生が多いところで探したい。しかし、首都圏や関西の学生が交通費をかけてわざわざ島根まで受けに来てくれるかといえば、来る人は極めて限られるでしょう。

今、地方の企業でも東京や大阪で説明会や面接を行うところもあるでしょうが、それは一部の大手に限られ、全部には至っていないと思います。しかし、ＡＩ面接サービス「ＳＨａｉＮ」なら、この問題が解消されます。

地方創生のカギを握るのは、新しいビジネス、アイデアを持った優秀な人材が、地方に定着して仕事をしてくれるかどうかです。現在はインターネットの時代ですから、地方の企業でもその魅力を発信することは可能です。東京にいても島根県の会社を理解することはできるようになりました。「受けてみたい」と思う学生が受けられる時代のはずです。

AI面接サービス「SHaiN」で地方の企業を受けてみて、二次、あるいは最終面接に残った。それでよく調べてみたら、「おもしろい会社じゃないか」と関心を持ってもらえるかもしれません。大都市圏の大学で学んでいる学生が、地元に帰って就職する。あるいは、東京の出身だけれど、地方で仕事をしてみたいという学生を採用できるチャンスが拡がります。

AI面接サービス「SHaiN」なら、場所や時間的な問題で、関心はあっても受験できなかった地方の企業に気軽にエントリーできます。AI面接官で地方の優良企業、伸びていく企業の採用活動の後押しができると考えています。

さらに言うなら、シリコンバレーにあるIT企業でさえも、優秀な日本の人材を面接することが可能になります。

地方や国境の壁を乗り越えて有能な人材にアプローチする。これを叶えるのが、AI面接なのです。

Ｖ　学生のメリット

ＡＩ面接サービス「ＳＨａｉＮ」の導入は企業側だけではなく、学生側にとってもメリットがあります。メリットがあれば、より多くの学生が気軽にエントリーしてくれることになり、その大勢の中から欲しい人材を探すことができるようになります。

公平性が保たれる

面接を受ける学生にとって、自分の面接官がどんな人になるかは運・不運の問題かもしれません。彼らは自分で面接官を選べないからです。

「私の話をじっくり聴いてくれるやさしい人ならいいな」と思っていても、実際には威圧感を与えるような面接官で、すっかり萎縮してしまい、しどろもどろになることもあるでしょう。また、面接が長時間続いていて、その日の最後のほうにようやく順番が回ってきた場合、もしかしたら面接官が疲れてしまっていることもあるかもしれません。こういったことは、学生の立場からすれば不公平感につながります。

われわれが提供している「戦略採用メソッド」を知らない採用担当者の場合、学生ごとに違う質問をしたり、志望動機を聞いたりするケースが多々見られます。

相手によって質問内容を変えるのは、入試にたとえるなら、違う試験問題を出して偏差値を知ろうとしているようなものです。また、志望動機はわざわざ聞かなくても、エントリーシートを見ればわかることです。

「志望動機を直接聞いて熱意をはかりたい」という声もありますが、志望動機がゼロの学生はそもそも応募してきませんし、その企業が第一志望だからといって、それと優秀な人材であることとは全く別の話です。

このような面接官の質問や態度は企業への不信感を募らせます。まず、面接官はすべての学生に対して公平であること。これを徹底しなければなりません。ただ、面接官はひとりではありませんから、個人の面接スキルや好み、学生との相性などはどうしても出てきます。それを払拭するためには、面接官をたったひとりにすればいいのです。

ＡＩ面接官は、**「世界でたったひとりの面接官」**ですから、どの学生に対しても同じ質問をしますし、人と違って先入観を持つこともありません。すべての学生に対しての公平性が保てるという意味では、最適な方法であると思います。

一方で学生にとっては、企業ごとに回答を使い分けるということができなくなってしまうというデメリットもあるといえるかもしれません。

デバイスを問わない利便性

第4章でもご紹介しますが、AIは人工知能ですから、カタチを問いません。

AI面接サービス「SHaiN」は、スマートフォンで利用できます。また、スマートフォンを持っていない学生が不利にならないように、主要都市にソフトバンクのロボット「Pepper（ペッパー）」を置いたセンターの開設も検討しています。北海道から九州まで、Pepperが何台も置いてある最寄りのセンターに行って、そこで面接を受けてもらう。もちろん、企業にPepperが置いてある場合は、そこで受けてもらってもかまいません。

AI面接官は人工知能を利用したアプリケーションですから、基本的にデバイスを問いません。これは、学生にとっては気分的にもラクだと思います。スマートフォンに慣れていない世代にとっては、それに向かって面接を受けるというのは違和感があるかもしれませんが、音声入力にも慣れている学生たちにはそのような心配はありません。アンケートを取っても、むしろ好意的に受け止めてくれる人のほうが多いようです。

現在は学生の所有率が高いｉＰｈｏｎｅで使えるアプリケーションをリリースしていますが、Ａｎｄｒｏｉｄ版も近日中にリリースの予定ですので、より多くの学生にストレスなく利用してもらえるようになるでしょう。

面接時間のバッティングが避けられる

数年前から始まった、就活期間の短縮を考えたスケジュールは、企業側にとっては選考期間が短縮されたというデメリットをもたらしました。面接解禁日からしばらくは、どこの企業も先を争って面接を行います。学生は何社もエントリーしていますから、同じ日に面接が設定されることもあり得ます。その場合、どちらを受けるべきか。

これは学生にとっては非常に悩むところです。

二社が同じ日時になれば、どちらか一社はあきらめなければなりません。しかも、受験した一社で、必ず二次面接に残れるという保証はない……。たとえば、一社は誰もが知っている超有名企業、そして、もう一社は無名だけれどこれから伸びそうな企業だとすれば、学生としては、「もし、別の日に面接を受けられるチャンスがあれば、どちらも受けておきたい」というのが本音ではないでしょうか。

面接時間のバッティングという、学生にとっては非のない偶然で面接の機会を潰してしまうのはかわいそうな話です。AI面接官は「いつでもどこでも面接が受けられる」アプリケーションですから、この問題は難なく解決します。学生はこんな「どちらの企業の面接に行くか」という究極の選択を迫られる必要はなくなり、企業選択の自由度は増します。それは同時に、企業にとっても、エントリーしてくれた学生に会う機会が増えるということになります。

交通費が不要になり、いろいろな都市の企業にエントリーできる

前述した、地方学生の就活費用の問題。ＡＩ面接官の導入で、その心配はなくなります。ＡＩ面接官は、通信環境さえあれば、自宅でも海外でも面接を行うことができます。

一次面接の段階から交通費や宿泊費を使って訪問するのは、学生にとっては経済的に厳しすぎます。地方の学生の場合なら「東京のＡ社とＢ社を受けたいけれど、面接が来週と再来週に分かれているので、２回行く費用がない。それならどちらかひとつに絞るしかない」というケースもあるでしょう。

逆に首都圏に住む学生も「関西のＣ社を受けてみたいけれど、関西には行ったことがないし、泊まるところも探さなければ……」となれば、エントリーを躊躇することもあります。これは非常にもったいない話です。

私たち社会人にとっても、たとえばシリコンバレーの有名企業を受けてみたいと思っても「シリコンバレーまで行くお金がないなあ」「航空券が高いからやめようかな」「往復で何十時間もかかるし」など、なかなかそこまでは行けないのではないでしょうか。学生にとっては、北海道や九州に行くのは、コストなどの面からいうとそれぐらいの距離感があります。ですから、どうしても通っている大学のある都道府県や東京で就活することになってしまうのです。

繰り返しますが、地方創生のカギは優秀な人材の確保です。企業としての魅力をPRし、せっかく学生に関心を持ってもらったのに、こういった問題でそのチャンスをみすみす逃してしまうのはほんとうに惜しいことです。

国内の学生ですらそうなのですから、海外留学生なら事情はもっと切実でしょう。学期が9月始まりで卒業時期が日本と違うため就活時期がずれてしまう海外留学生は、就活のスタートから出遅れてしまうのです。ところが、いつでもどこでも面接が受けられるというAI面接が導入されれば、海外留学生にとってチャンスが広がります。

このように、AI面接は学生の経済的な負担を減らすと同時に、どこに本社を置く企業であってもエントリーすることが可能になります。これは大都市圏と地方の人材確保のギャップを埋めてくれる助けになるほか、海外の有能な人材確保にもつながると期待しています。

じっくり話を聞いてもらえる

従来の面接に比べての大きな違いは、AI面接官に**マンツーマンでじっくりと自分の話を聞いてもらえるということ**でしょう。つまり、自分専用の面接官がつくということです。

一般的な面接の場合、一次面接では5人ずつぐらいが1室に呼ばれ、同時に面接されることが多いでしょうから、その5人の中には「自分はあまり話せなかったから、存在感が薄いかも」と心配する学生も出てきます。

個人面接の場合でも、せいぜい10分から15分ぐらいしか時間を取ってもらえません。しかし、AI面接サービス「SHaiN」は、同じプログラムを搭載したAI面接官を何台も導入できますから、受験者が何万人いたとしても、一人ひとりに対して同じ条件で対応するということになります。

スマートフォンやロボットが行う無機質な面接だという印象を抱かれがちなAI面接ですが、実は徹底したFace to Faceなのです。時間や場所を気にせずに、自分ひとりの話をしっかり聞いてくれます。「聞いてもらえなかった」ということも「自分のことをアピールできなかった」ということもありません。受験者が発言している最中にＡＩ面接官が口を挟むこともありませんから、むしろ、自分のペースで話すことができます。

たとえば、学生時代に熱中したことが料理研究だった場合、多くの面接官は興味を持つことなく、話題を変えてしまうでしょう。しかし、ＡＩ面接では、どのようなテーマの話でも、じっくり最後まで話を聞いてくれます。

人は自分の話を聞いてほしい生き物です。相手がＡＩとはいえ、むしろ、「しっかり聞いてもらえた」あるいは「自分の思いを話しきれた」という満足感が高くなるでしょう。この満足感があれば、たとえ選考に落ちたとしても、全員、平等にＡＩ面接官の判定をされているわけですから、その企業に対してネガティブな印象や不公平感を持つ人は少なくなるのではないでしょうか。

もし学生にデメリットがあるとすれば、良きにつけ悪しきにつけ自分の資質が見抜かれてしまうことです。今までであれば模擬面接の練習をして、演技でごまかせていたものが、ごまかせなくなります。それはそれで困るという人はいるかもしれません。

採用する側にすれば、学生の演技や事前の準備による予習に惑わされることはなくなりますから、よりシビアに学生の資質を見抜くことができます。

圧迫面接、セクハラ、モラハラなどの被害にあうリスクがなくなる

先にも少し触れましたが、最近ＤｅＮＡの採用担当者が、就活女子大生をホテルに誘ったなどという事件がありました。

また、一次面接を若い社員に任せても、若い社員というのは経験値がないので、面接しても的確な答えは出せない可能性があります。

リクルーター制度も、採用担当者のマンパワー不足という原因もあると思います。しかし、中には社員がリクルーターという立場を悪用して不誠実なことをするケースもあったので、一時は減っていました。それがまた復活傾向にあるというのは、やはり売り手市場の影響もあるのでしょう。

就活における事件というのは、報道されるようにオモテに出ているのは氷山の一角で、被害にあっても言えない学生はいるはずです。もし、合格して入社していたら絶

対に言えないでしょう。言ったら「そういう事情で採用されたのか」と言われるでしょうから、絶対に言えません。そういうことが現実としてあるのです。

ＡＩ面接サービス「ＳＨａｉＮ」で人が介在しなくなれば、そういう不祥事が起こる心配はありませんから、学生も安心して受験できるようになります。

さらに言うなら、人ではなくＡＩ面接官が面接するわけですから、セクハラはもちろんのこと、圧迫面接やモラハラといったことも起こりません。これは毎年、就活生の間で話題になっています。

ＡＩ面接官を導入している企業といえば、そのような学生の不安を払拭できるので、むしろ気軽にエントリーしてもらうことができるようになることでしょう。

昨今、選考にもれた学生には、その結果すら知らせない企業があるということが問題化しています。学生は将来の顧客やビジネスの相手になる可能性もあるのです。また、現在のようなネット社会では、そのような情報はすぐに拡散します。採用担当者は自分たちが自社の評価を下げないように、学生たちに対して心ある対応で面接を行う必要があります。もっとも、ＡＩ面接官を導入すれば、そのような心配もなくなるでしょう。

第４章

ＡＩ面接サービスの仕組み

前章では、AIを採用活動に活用するメリットを、実用化が進んでいるAI面接官のケースを取り上げて学生側と企業側の両方の立場から検証してきました。

本章では、AI面接官とはどのような仕組みになっているのか、具体的に紹介したいと思います。

「SHaiN」は全く新しいサービス

AI面接サービス「SHaiN」は世界初のAIインタビュアーを取り入れ、面接官の代わりに面接を行い、受験者の面接評価レポートを作成するという画期的なサービスです。

これまで受験者の潜在的な性格や資質を見るためには2つの方法がありました。

ひとつは**直接会って話を聞く「面接」**です。しかし、多数の受験者すべてに会うことは物理的に無理があるため、もうひとつの方法として行われていたのが**SPIやクレペリンなどの検査**です。しかし、これらの性格診断手法は診断の根拠がブラックボックスで、次の選考段階にうまくつなぐことができていませんでした。

（図８）人材の能力を氷山にたとえると

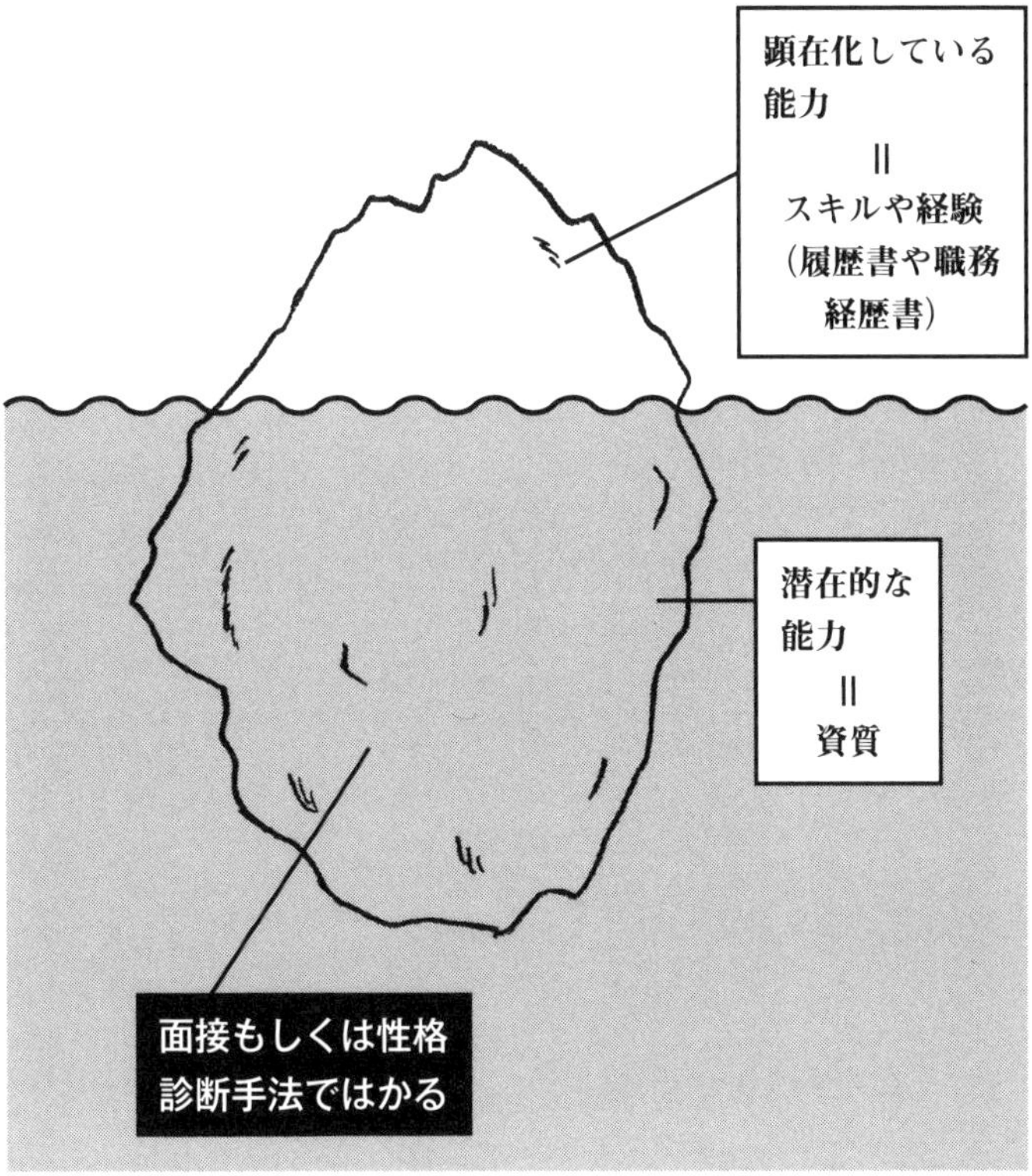

そこで、人に代わって面接を行い、その人の資質をさぐることができるツールとして開発されたのがAI面接サービス「SHaiN」です。学生とのファーストコンタクトを「SHaiN」に置き換えると、一括受験、公平性、論理的根拠が保てるのと同時に、面接まで可能になります。エントリーしてきた学生1万人全員の資質を知りたいと思えば、人による面接では不可能でも、AI面接官は同じプログラムを搭載したものを何台も作れますから、問題ありません。

第3章でお伝えしたように、AI面接では、面接にかける時間や時間帯、場所の拘束などの制限が解消され、面接本来の目的である「資質を見抜く」ことができるのですから、採用活動の省力化には大いにプラスになるのです。

「SHaiN」について少し詳しくお話ししますと、株式会社タレントアンドアセスメントが独自に開発した戦略的採用面接手法**「戦略採用メソッド（T&Aメソッド）」**の理論をベースにして、AIをプログラミングしています。

「戦略採用メソッド」は、過去の行動に対する質問を計画的に行い、入社後の職務に必要な「行動」に関するデータを収集し、受験者の職務遂行能力を科学的に評価するものです。

以前からわれわれはその手法を多くの企業の採用担当者にお伝えしてきました。今回のAI面接サービス「SHaiN」は、そのメソッドを面接官という人の手からAIに移し、面接業務そのものを担わせるだけでなく、面接を通して得られるより精度の高いデータを収集・評価しようとするものです。

「面接」とは、もともと受験者の話を聞く**「ヒアリング」**と、ヒアリングをもとに**「評価する」**という2つの別作業で成立しています。

この「ヒアリング」をAIに任せてデータを取り、タレントアンドアセスメント内の「アセスメントセンター」で、そのデータをもとに「評価する」。それが「SHaiN」を使ったAI面接サービス「SHaiN」のおおまかな流れです。

そのシステムは次のようになっています。企業にエントリーしてきた学生に、AI面接サービス「SHaiN」のアプリケーションをおのおののスマートフォンにダウンロードしてもらいます。そのアプリケーションは面接官の役割を果たし、学生にさまざまな質問をします。学生はいつでも好きなときに好きな場所で「SHaiN」のアプリケーションを開き、その指示に従って質問に答えていくのです。

スマートフォンを持っていない学生への対策として、全国の主要都市にソフトバンクのロボット「Ｐｅｐｐｅｒ」を置いたセンターの開設を検討しています。Ｐｅｐｐｅｒには「ＳＨａｉＮ」のアプリケーションがインストールされていますので、最寄りのセンターまで足を運んでもらえれば、スマートフォンと同じようにＡＩ面接を受けることができます。

学生の答えはすべてＡＩによってテキスト化され、タレントアンドアセスメント内のアセスメントセンターに送られ、蓄積されます。そのデータをもとに、タレントアンドアセスメントが一人ひとりの面接評定レポートを作成します。現段階ではスタッフが評定しますが、将来的にはここまですべてＡＩが行うように自動化を予定しています。

このようにＡＩ面接サービス「ＳＨａｉＮ」は企業側にとっても、学生側にとっても、煩わしい作業は一切必要ありません。学生一人ひとりの資質がはっきり出てきますので、不適切な採用が減り、採用活動の生産性が上がります。

どんな質問が設定されるのか

さまざまな資質の中で、ＡＩ面接サービス「ＳＨａｉＮ」で確認することができるのは、仕事を進めるうえで特に重要な11の資質です。

この11項目のうち、面接官が受験者に質問を投げかけてその回答から判断することのできる資質（「質問項目」）が７つで、受験者の様子を観察することで判断できる資質（「観察項目」）が４つです。

●質問項目（７つ）

バイタリティ
イニシアティブ
対人影響力
柔軟性
感受性

（図9）ＡＩ面接サービス「ＳＨａｉＮ」 利用の流れ

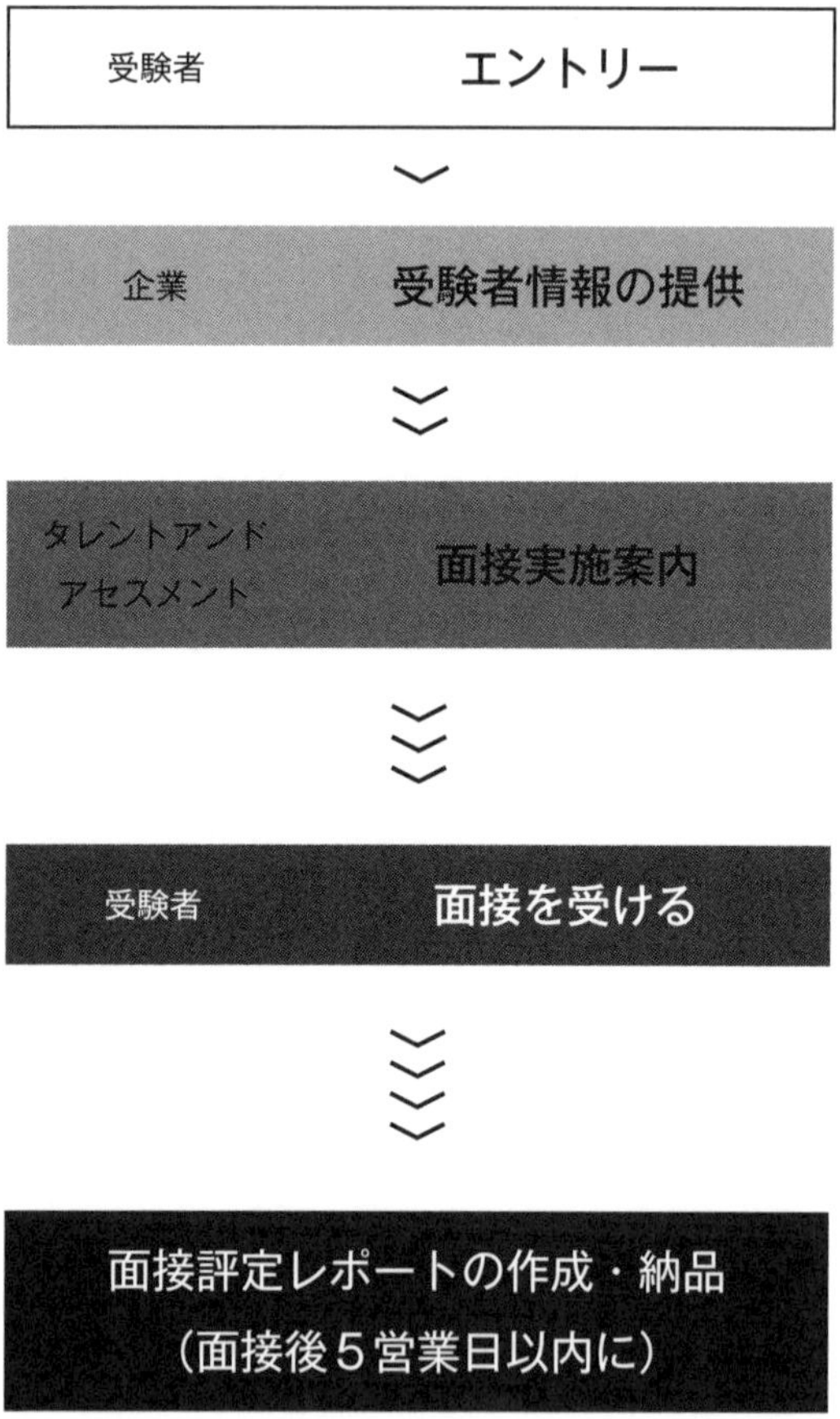

自主独立性
計画力

●観察項目（４つ）

インパクト
理解力
表現力
ストレス耐性

ＡＩ面接サービス「ＳＨａｉＮ」では、それぞれの資質を見抜くために最適な質問を設定しています。たとえば、資質を判断する質問として

「ゼミや部活、サークル活動、アルバイトなどで、とても苦労したことや困難な状況を乗り越えたという経験はありますか？　『はい』か『いいえ』でお答えください」

という質問があります。学生が「はい」と答えたら、さらに詳しくその内容を聞い

ていきます。

「観察項目」に関しては、受験者の様子をＡＩがずっと見ている中で判断しますので、質問は設定されていません。

ＡＩ面接サービス「ＳＨａｉＮ」は、学生がどのように答えても、対応できるように設定されています。たとえば、先の「困難な状況を乗り越えた経験」の内容が、曖昧でよくわからないときは「もう少し詳しくお聞かせください」というように、判断できる話（データ）が聞けるまで、何度でも聞き返すので、聞き漏らしがないのです。これを一つひとつクリアしないと、次の質問に入りません。質問しても受験者の答えが出てこないというケースも考えられますが、その場合は「ノーアンサー」になります。ノーアンサーということは、当然、その資質の評価が下がります。

「SHaiN」のプロセス（エントリー側）

学生側が「ＳＨａｉＮ」を利用するにあたっての面倒な手続きは、一切必要ありません。

前述した通り、受験する方法は2通りあります。ひとつはスマートフォン（現在はｉＰｈｏｎｅのみ可能。近日Ａｎｄｒｏｉｄ用もリリース予定）、そしてもうひとつはスマートフォンを持っていない学生向けのＰｅｐｐｅｒによる受験です。

エントリーした企業がＡＩ面接サービス「ＳＨａｉＮ」を利用している場合、学生がエントリー時に登録したメールアドレス宛てにタレントアンドアセスメントから学生に向けて直接、ＡＩ面接実施の案内メールを送ります。学生はそのメールを開き、「ＳＨａｉＮ」のアプリケーションを事前にダウンロードし、本人認証のＵＲＬをタップすれば、アプリケーションが自動的に起動して、本人認証が完了し、面接の事前の説明が始まります。

面接の準備ができたら、画面の「開始ボタン」をタップすると、面接官が質問を始めます。面接は終了まで60～90分ほどかかり、体調不良などのやむを得ない場合をのぞき、原則として途中で終了することはできません。面接はカメラとマイクを使用して、内容を記録します。ＡＩ面接の案内メールにはＰｅｐｐｅｒの面接会場の案内もありますので、スマートフォンで受験できない学生は、その会場で受けてもらうことになります。事前に案内メールに記載されているＱＲコードを表示するか、印刷した

QRコードを用意し、Pepperの額についているカメラにかざすことで本人の確認が取れるようになっています。その後の手順はスマートフォンと同じです。

学生側で唯一、手間を取るとすれば、アプリケーションのダウンロードです。しかし、スマートフォンがこれほど普及している現在、アプリケーションのダウンロードなど、手間のうちには入らないでしょう。事前の調査では、学生にはむしろAI面接を歓迎する声のほうが多いことがわかっています。

採用側は評定レポートを待つだけ

学生側同様に、「SHa.iN」の導入にあたっては、企業側にも準備はほとんど必要ありません。

唯一お願いするのは、受験者の情報を、Excelシートでタレントアンドアセスメントに送っていただくだけ。これは、AI面接を実行するにあたって、本人確認ができるようあらかじめQRコードを作成するためです。

AI面接が終われば、おおよそ5営業日以内に面接評定レポートが出てきますから、その結果を参考に、次の選考に進めることができます。

レポートはひとりの受験者につきA3サイズの用紙1枚で作成します。7つの質問に対する学生の発言内容の要約が診断の根拠として記述されます。

また、4つの「観察項目」では、第一印象（インパクト）や、面接時の反応や態度をもとに、理解力、表現力、ストレス耐性の評価が入ります。

特筆すべきは、「質問項目」と「観察項目」をそれぞれ数値化し、図形化していますので、どの資質がすぐれているのか、また、どの資質がウィークポイントなのかということが一目でわかります。

そして、各資質の評価から、受験者を総合的に評価し、アセスメント結果としてまとめた「総合評価」と、資質から導き出された特徴や傾向を探り、入社後の配属先などを決める際の参考になる特徴と傾向も記載します。

自社独自の採用基準の構築がカギに

AI面接サービス「SHaiN」を導入しても、**AIが合否を決めることはありま**

せん。「ＳＨａｉＮ」はあくまで面接とその評価をレポートにしてくれるだけです。

このレポートを受験者の採否の判断に活かすためには、自社で独自の採用基準を決めておくことが不可欠になります。

ＡＩを利用しても最終的に採否を決めるのは、人です。

採用担当者が選考を進めるかどうかを判断するための材料を、取りこぼしなくＡＩが集めてくれるのです。

ＡＩ面接サービス「ＳＨａｉＮ」では受験者の資質を11に分けて分析していますが、自社の欲しい人材像にはどのような資質が必要なのかを、あらかじめきちんと定義し、社内で共有しておくことが重要です。たとえば、

「創造性をもってゼロから生み出せる人」

「前向きな人」

「向上心がある人」

「モチベーションが高い人」……。

それぞれ違う意見のように聞こえますが、これらは実はすべて**「イニシアティブ」**という資質に置き換えられます。われわれはこれらの言葉をテキストマイニングしな

がら類似性をみていくのですが、先にあげた言葉はすべてイニシアティブの資質の中に含まれます。

「責任感の強い人」

「体育会系の人」

「粘り強い人」

「打たれ強い人」……。

これらはみんな**「バイタリティ」**です。

採用基準を決める際によくある例として、社長はこれらとは全く違う言葉で表現することがあります。「プラス志向の人」とか、「聞いた質問に対して、違う答えが返ってくる人は難しい」とか。

後者はいわゆる「理解力」があるかどうかを求めているもので、採用担当者がこの言葉を額面通り受けて、面接することはできません。社長の希望に沿った面接をしようとするなら、いったん資質に集約して、そこで共通の定義をつくるのです。

「課題をやり遂げようと、最後まで自己を投入させていく能力」という定義があって、着眼のキーワードがある。このキーワードがあって初めて、社長の求める人物像とイコールになっていくわけです。

いずれにせよ、自社に欲しい人材の採用基準を決めること、それこそがＡＩには任せられない仕事です。ＡＩ面接サービス「ＳＨａｉＮ」の導入で、一次面接が省力化できる分、採用基準をきちんと定義し、社内で共有することが大切です。

結果を採用にどう活かすか？

では、実際には面接評価レポートを判断基準として、どのように次の面接に進む人を選択していくか。その方法をご紹介しましょう。

自社が求めている人材像が明確になったら、レポートで確認できる11の資質の中から、自社で必要だと思われる評価項目を選びます。また、選んだ評価項目の中で優先順位をつけておきます。そうしておくと判断に迷うときや、同じスコアの受験者同士を比較する場合などに役立ちます。

「ＳＨａｉＮ」は絶対評価ですから、資質の評価が数値化されています。そのため、あらかじめ合格基準点を設けて、合否を判断することも可能です。

たとえば、

・すべての資質の平均点
・特定の資質の平均点
・上位3項目の合格点

というように、自社で決めておけば、選考がスムーズです。

あるいは、合格基準点とは別に「足切り基準」を設定しておけば、選考精度の向上やミスマッチをなくすために役立ちます。例として

・特定の資質の最低点を設定しておく
・すべての資質の最低点を設定しておく

また、「マイナス評価」も合格基準になることもあり得ます。たとえば

・自主独立性はマイナス評価を基準点とする

他の資質との兼ね合いにもよりますが、自主独立性の高い人は、信念をもって仕事をする傾向が強いといえます。そのため、もしその会社がチームワークを求めるのであれば、受験者の自主独立性が「マイナス評価」、つまり「低い」ということを、「良い評価」として設定することが望ましいでしょう。

このようにして、レポートを参考に次の段階に進めたい受験者を絞っていきます。AI面接でその受験者の資質はわかっていますから、二次面接では、レポートの中で気になるところをさらに詳しく聞いていくというのが望ましいでしょう。

企業の悩み別AI面接サービス「SHaiN」のメリット

AI面接サービス「SHaiN」には企業の規模や所在地によって、さまざまな活用の仕方があります。その例をご紹介していきましょう。

①エントリー数が多すぎる大企業

一般消費者向けの製品やサービスを販売したり、社会のインフラに関わるような事業を展開している大企業、CMを頻繁に流している企業などは学生に知名度が高く、エントリー数も多いでしょう。

たとえば、例年人気のあるメガバンクや損害保険会社などは、全就活生の5パーセントにも及ぶ学生がエントリーするといわれています。このように毎年、エントリーが何万人もあるような大企業の場合は、面接重視をうたっていても、受験者全員の面接をするのは到底不可能です。となると、ＡＩを利用して、まず、採用担当者の業務負担を減らすことをおすすめします。

これまでにリクルーター制度を導入して、採用部門の仕事量の軽減をはかっていたという企業にも、ＡＩ面接サービス「ＳＨａｉＮ」は有効です。企業イメージをダウンさせる不祥事が起こることもなく、少なくとも、最初から受験者に対応する必要はなくなります。資質の評定レポートを活用し、二次以降の面接、選考に注力することが可能になり、より優秀な人材、自社の欲しい人材獲得の精度が上がります。

②マンパワーが足りない、エントリー数が少ない中小企業

一方、エントリー数がそれほど多くはない中小企業では、採用人数の割には人事部の社員が少ないところが多く、人事のマンパワー不足は否めません。総務と兼務していたり、二足のわらじを履いている担当者も少なくありません。日本の新卒採用は通年募集ではなく、時期が決まっていますから、その時期だけ人が欲しいといっても、増やすこともできないのです。

このような企業にとって、ＡＩ面接サービス「ＳＨａｉＮ」はとても有用です。ＡＩ面接官を「臨時職員」と考えて利用すればいいのです。

「ＳＨａｉＮ」を導入すれば、一次面接を実施する手間が省け、すぐに役員面接に行くことができ、効率的に進みます。同時に、欲しい人材への逆オファーもできるようになります。

同じ業種の大手と中小企業なら、中小企業のほうが不利です。しかし、「ＳＨａｉＮ」を導入すれば、面接日時がバッティングすることがなくなるので、学生は大手と中小のどちらか一方を選ばなければならないという選択に迫られることがなくなります。

そのため「エントリーしてきたのに、面接には来ない」という受験者が減るはずです。ＡＩ面接を受けてもらえば、その受験者の資質がわかりますから、自社で欲しい資質を備えている人物ならば、二次面接に残す、あるいは逆オファーをすればいいのです。

以前から、欲しい学生がいれば、社長自らがその学生の家庭訪問をする企業もあるぐらいです。そこでご両親に会って「当社にぜひ入社させてください」とお願いするそうです。これは珍しい話ではなく、中小企業がほんとうにいい学生を採用したいなら、それぐらいの努力は必要です。

ＡＩ面接サービス「ＳＨａｉＮ」では、学歴のデータは収集しません。出身校の偏差値にかかわらず、資質の高い人を見抜くことができます。一般的な面接では見抜けない意外な「掘り出しもの」の学生を見つけることも可能ですから、他社と競合せずに、いい人材を採用できる可能性も高くなります。

エントリー数が少ない中小企業や地方の企業は、北海道から沖縄まで、日本全国に散らばっている優秀な学生にアプローチすることができていませんでした。しかし、ＡＩ面接サービス「ＳＨａｉＮ」の導入で、学生がいつでもどこでも受験できることから、エントリー数の増加へとつながることでしょう。

さらに、ＡＩ面接サービスは始まったばかりです。話題性も高いので、企業イメージに「先進的」というプラス要素が加わり、「受けてみたい」という学生は増えることが予想されます。

③特定の学部の学生を採用したい企業

「ＳＨａｉＮ」は学生の数が少ない、特定の学部の学生を採用したいという企業にもとても役に立ちます。

既に「ＳＨａｉＮ」導入を決定しているブランドタマゴ「きよらグルメ仕立て」で有名な広島県福山市に本社を構える鶏卵大手の株式会社アキタの場合、ニワトリが産むタマゴが商品ですから、養鶏場でニワトリの世話ができる農畜産系の学部を卒業する学生を採用したいわけです。

ところが、農畜産系の学部のキャンパスが、地方に点在しているケースは少なくありません。たとえば、東京農業大学生物産業学部のキャンパスは北海道にありますし、東海大学農学部のキャンパスは熊本県にあります。アキタの場合、関東エリアにも養鶏場やパッキングセンターがありますから、広島エリアだけではなく関東エリア採用も行っているのですが、地方にキャンパスのある大学の学生に白羽の矢を立てようとしても、学生のほうから来てくれるというチャンスがない限り、なかなか難しいのが現状です。

こういうウィークポイントを解決するチャンスが「ＳＨａｉＮ」にはあります。

いえ、むしろ、「ＳＨａ·ｉＮ」でなければ解決できないでしょう。

「SHaiN」の場合、面接に時間と場所を選びませんから、北海道にある大学に通う学生でも、九州にある大学の学生でも、交通費などを気にせずに気軽にエントリーして面接を受けることができます。これまでは合格するかどうかもわからない一次面接を受けるために、遠い場所にある企業までわざわざ足を運ぶ必要があり、それがエントリーを躊躇させる大きな原因にもなっていました。

アキタの場合は、農場長が中心となって面接を行うのですが、不定期に農場を長時間空けるわけにもいきません。そのため、学生には、指定した日時に東京や広島まで来てもらう必要があり、地方の学生からのエントリー数が増えない一因にもなっていました。

しかし、「ＳＨａ·ｉＮ」の導入で、その問題は解決できます。そもそも学生数が少ない学部の学生を採用したいという場合、エリアに関係なく、広く全国からエントリーを募る必要があります。そんな企業にとって、「ＳＨａ·ｉＮ」は大きな味方になってくれるのです。

④地方（大都市圏以外）の企業

首都圏や関西圏といった大都市圏以外の地方の企業は、地元の学生だけではなく、全国から学生のエントリーを募りたいところです。しかし、交通費や宿泊費を負担してまで、学生が地方に受けに来てくれるかといえば、それは難しいでしょう。それが会社説明会や一次面接なら、なおさらです。

一次面接を「ＳＨａｉＮ」で受けてもらえば、学生に金銭的な負担はありませんし、気軽にエントリーしてもらえる可能性は高くなります。「ＳＨａｉＮ」の結果を踏まえ、二次面接の候補者をある程度絞ったところで、自社に来てもらうのが合理的な策と言えます。もし、採用人数がそれほど多くないのなら、二次面接以降の交通費を企業側が負担することを事前にインフォメーションしておけば、エントリーする学生はかなり増えるのではないでしょうか。

たとえば大都市圏の大学に通う学生の中には「地元に帰ってもいいかな」という人もいるでしょうし、故郷の企業に関心も愛着もあるでしょう。また、その地方に何の縁もない学生でも、その企業に魅力があり、なおかつ応募するのに時間もお金もかからないとなれば、気軽にエントリーできます。

地元や地方で就職したいという意志はあっても、もし、そこで就職できなかった場合に備えて、大都市圏での就活も行っている学生がほとんどです。それで、面接の日がバッティングすれば、結局、地方には足が向かないことが多いわけです。

「ＳＨａｉＮ」なら、面接でわざわざ地方に足を運ぶ必要もないので、大都市圏での就活とバッティングすることはありません。

そういう意味で、地方創生のカギを握っているのはＡＩ面接サービス「ＳＨａｉＮ」ではないかと期待しています。

⑤採用人数を増やしたいが人事のマンパワーが足りない企業

業績好調で上り調子のベンチャー企業などは、採用人数を大幅に増やしたい時期があります。今年は１００人採用したけれど、５年後までに５００人採用できるようにペースを上げたいのでその体制を整えろ、という指示が上から来ているとしましょう。

しかし、急に5倍採用する体制をとれといわれても、新卒採用は時期が決まっていますから、すぐには対応できません。

対応しようとすれば、人事部の社員を増やさなければなりません。それがコスト面、人員面で無理だというなら、ＡＩ面接サービス「ＳＨａｉＮ」をうまく活用すればいいのです。

採用したい人数が増えれば、面接しなければいけない人数も増えます。１００人を５００人に増やそうとすれば、５倍の面接官が必要です。

「ＳＨａｉＮ」を導入すれば、エントリー数や採用者数がどんなに増えても、面接官を増やす必要はありませんから、マンパワー不足でも問題はありません。このような場合は、むしろエントリー数を増やすことに注力するべきでしょう。

第５章

ＡＩ採用に対する「不安点・疑問点」に答える

Q1 受験者側（学生）の反応は？

世代によってデジタル機器やＡＩとの関わり方は違っています。現在の学生も含めた若い人たちは、デジタルっ子でタッチパネル世代です。この世代は隣に座っている人ともメールでやりとりするような人たちです。直接、話をするのは苦手だったりしますから、恥ずかしがり屋なのかもしれません。

デジタル機器に慣れすぎて、直接、自分のことを上手に表現できる人が少なくなっているのは事実かもしれませんが、そういう人たちが優秀ではないかといえば、決してそうではありません。

シャイで自分自身を表現することが苦手な学生にとっては、ＡＩ面接によって、自分自身の本来の姿をより話しやすくなるというメリットが考えられます。

かの堀江貴文氏は「電話で自分の時間を奪われたくない」というような発言をされています。電話は自分と他人の時間を同期することで成り立つツールですから、自分が望まない時間にもおかまいなしにかかってきます。

それに対し、メールやＳＮＳは時間を同期しません。メールを送った時間と実際に受け取った人が読む時間は全く同じではありません。しかし、相手と時間を共有しなくても、関係性は成り立っています。電話や直接会うという行為がなくても、彼らは関係性を保っているのです。

こういう世代の学生にとっては、時間を同期する必要がなく、自分の都合のいい時間に受けることができるＡＩ面接は違和感がないようです。むしろ「人に面接されて、その面接官の勝手な思い込みで合否を決められるぐらいだったら、ＡＩ面接で落とされたほうがいい」という反応さえあります。

スマートフォンの普及で音声入力にも慣れている彼らは、スマートフォンのアプリケーションに向かって話をするのは全く抵抗がないようです。むしろ、人に面接されるほうがナンセンスという声もあります。

学生の声（株式会社タレントアンドアセスメント提供資料より）

・どう評価されるのか、少し不安。（男性）

・対面の面接は印象で左右されやすいと思う。ＡＩの公平な基準で決まるのはいい。（女性）

・どちらでもいい。受かるところは受かるし、ダメなら受からないだけ。（男性）

・地方の学生が東京本社の企業を受けようと思えば、面接のために東京までの宿泊費や交通費がかかって大変。スマホで面接ができるならとても助かると思う。（女性）

Q2 「SHaiN」を導入すると、エントリーする学生が減るのではないか？

ＡＩ面接は思いのほか学生には好意的に受け止められています。しかし、中には「時間が長いから面倒だ」と敬遠する学生もいるかもしれません。事実、「うちは人手不足でとにかく人を採用したいのに、ＡＩ面接なんか導入したら、学生に『そんな面倒くさい会社は受けたくない』と言われかねないよ」という声もあります。けれど、よく考えてみてください。

ＡＩ面接を「面倒」と言うような人を採用したいですか？

ＡＩ面接が面倒くさいといって受けない学生が、果たして優秀な人材でしょうか？売り手市場の時代だからこそ、そういう中でも優秀な人材を採用することに価値があります。そこを間違えてはいけません。「ＡＩ面接だったら、この会社は受けたくない」という学生を受け入れるほど、あなたの会社には余力があるのでしょうか。

また売り手市場だからＡＩ面接を導入したら人が来なくなるかもしれないという企業が、これからの世界で戦えるのか、というのは大きな問題です。

売り手市場では、学生も動きが鈍いようです。要は「そんなに焦らずにいても、どこかに決まるだろう」という慢心です。そこで既にレベルが落ちていると言わざるを得ません。

実は氷河期ほど学生は頑張り、一所懸命就活し、自分の能力を高めてくるものです。だから、氷河期のほうが実はいい人材が採用できているのです。

一方で、売り手市場のときは、学生は就活の段階であまり頑張ろうとしない傾向があります。頑張らなくても内定がとれてしまうからです。

しかし、ちょっと考えてみてください。そんな学生が社会人になって頑張れるかどうか疑問ではないでしょうか。

Q3 90分もかかる面接は長すぎないか？

ＡＩ面接サービス「ＳＨａｉＮ」では11の資質を知るために、７つの質問が設定されています。

７つすべてが終わるまで面接は続きます。ひとつの資質で仮に８分かかるとすれば、トータルで56分かかります。最初に本人確認や進め方のオリエンテーションもありますので、最長で90分ぐらいかかる可能性があります。

これが長いと言われれば、確かに短くはありません。しかし、15分の面接で面接官が受験者の資質を見抜けないから、ミスマッチが起こるのです。

そして、90分の面接に耐えられない人は大学の授業の90分にも耐えられません。

さらに言えば、90分に耐えられない人が一日に７時間、８時間も働けますか？

もっと言えば、根気が必要な長いプロジェクトを成功させられるでしょうか？

採用担当のみなさんの、エントリー数を増やしたいという気持ちはわかりますが、最終目的は「資質の高い、自社の採用基準に合った学生を採用すること」にあるはずです。

ですから、どのような状況であろうと、必要な人材を求める手を緩めるべきではありませんし、ましてや採用基準を変え、採用へのハードルを下げる必要もありません。

厳しい言い方をすれば、AI面接の導入でエントリー数が減るという心配があるということは、自社に魅力がないということを自ら認めているようなものです。そちらのほうが問題ではないでしょうか。

Q4 AI面接の対策本が出たら？

巷《ちまた》にSPIの対策本が多数出回っているように、今後AI面接官「SHaiN」が普及すれば、遠からず対策本は出ると思います。たとえば「AI面接ではどんな質問が出ますか？」といった内容は必ず入ってくるでしょう。

われわれは将来質問を開示してもかまわないと思っています。開示したからといって、受験者の過去の事実を偽ることはできませんし、もし、偽ったとしたら信頼係数が落ちていくので、それは見破られてしまいます。

「ある状況下でとった行動は、その同じような状況を繰り返すというところにおいて、受験者の過去の行動を明確にすることで将来の成功を予測する」

ＡＩ面接サービス「ＳＨａｉＮ」では、この「戦略採用メソッド」の原理をそのままＡＩに導入しています。

質問に対して、受験者がウソの答えを言っても、結局、途中で「すみません。さっきウソを言いました」と白状せざるを得なくなるのです。ＡＩ面接官は一つひとつの質問の内容を深掘りしていくので、ウソをついてしまうと、だんだん整合性がとれなくなってしまうのです。

人とは不思議なもので、ウソをひとつはつけても、そのウソを膨張しなければならなくなると、続かなくなるのです。

ＡＩ面接サービス「ＳＨａｉＮ」の評定レポートは企業にお渡しし、学生に結果を伝えることはありません。したがって、質問内容を知ったところで、「どうすれば点数が上がるか」という対策は取れないのです。

Q5 「SHaiN」の導入企業を何社も受験したら？

AI面接サービス「SHaiN」の面接官は世界中でたったひとりです。誰に対しても同じ質問をすることで公平性を保ちます。それぞれに異なる問題のテストをしたら、点数が変わってくることをイメージしていただければわかりやすいでしょう。

では、ひとりの学生が何社も受験したらどうなるのか？

「SHaiN」による過去の面接履歴データは、企業側にも学生側にも開示しませんが、アセスメントセンターではすべてのデータを保存しており、受験者の過去の発言と比較し評価レポートを作成しています。

たとえば、自動車メーカーを志望する学生が、トヨタも日産もマツダも受験する。「SHaiN」の面接では質問は同じですから、答えも同じはずです。

しかし、今までの人相手の面接ではそうだったかというと疑問が残ります。おそらく、トヨタにはトヨタ向けの答えを準備し、日産には日産向けの答えを準備しているでしょう。

基本的に「ＳＨａｉＮ」では、過去の行動を聞く質問が中心になっています。もし、複数の企業で面接を受けて、すべて異なる答えを言っていたとすれば、辻褄が合わなくなるはずです。

ＡＩ面接では、学生の答えをすべてデータ化し保存していますから、それはすぐにわかります。むしろ、同じことを言わない人は、発言に一貫性がないということになります。前回と言っていることが違うとなると、発言の信頼係数が落ちてしまいます。

そういう学生を採用するとどうなるでしょうか。

極端な例でいえば、入社前と入社後の態度が違うことが判明した結果ミスマッチが起こりやすくなり、結果的に離職の確率が高くなるでしょう。

Q6 新卒採用だけが対象？

ＡＩ面接サービス「ＳＨａｉＮ」は、新卒採用での利用を想定していました。それが、ある上場企業の会社の役員にお目にかかったときに、興味深いお話を伺い、構想が拡がりました。

その役員の方によると、中途採用であっても、面接では受験者に対して学生時代の話しか尋ねないというのです。

転職前の前職の話、それはスキルや経験であって資質ではない。資質は学生時代から変わっていないはずだからというのです。面接力がないスタッフでも聞くことのできるスキルを確認するのではなく、わざと学生時代の話を聞いて、資質を確かめるのだそうです。

しかし「就職して何年か経てば、学生時代の記憶は曖昧になってくるのでは？」と尋ねたところ、「学生時代のことさえも曖昧で記憶がないという人は、うちでは採用しません」とはっきりおっしゃっていました。

転職の場合は即戦力を求めているので、その時点でのスキルや経験を優先的にみる傾向があります。スキルや経験は、氷山にたとえると、海面上に出た目に見える部分です。つまり、顕在化している部分ですから、評価しやすい。ここは面接力がないスタッフレベルで確認しても問題ありません。

しかし、本来面接となれば、やはりその人の潜在化している部分、資質を知ることが大切になります。

一次面接で同じようなスキルや経験を持っている人がいたなら、最後に「ＳＨａｉＮ」を利用して、より資質の高い人を採用すればいい。中途採用ではこういう使い方もできると改めて思い知りました。

ＡＩ面接サービス「ＳＨａｉＮ」は学生向けの新卒採用バージョンとは別に、転職者向けの中途採用バージョンも近日中にリリースする予定です。中途採用でも大いに活用してもらえると確信しています。

Q7 企業によってカスタマイズは可能か？

ＡＩ面接サービス「ＳＨａｉＮ」は、オリジナルの評価項目や面接時の質問項目など、その企業のニーズに応じて、各種、カスタマイズすることも可能です。

新卒採用の場合は、11ある資質の中で「うちはもっと絞ってバイタリティとイニシアティブと自主独立性の３つがわかればいい」という場合もあるでしょう。また、中途採用の場合は、ＩＴ企業で聞きたいことと、メーカーの営業職で聞きたいことは異なるはずです。営業職の募集に対しては、営業に特化した質問を設定する必要があるように、他の職種でも、その職種によって必要な資質があるでしょうから、オリジナルで質問を設定することは可能です。

他にもオプションサービスとして、「コンピテンシーモデル設計」も設けています。これは職種の数や、新卒・中途などの条件に応じて、「求める人材像」を可視化するお手伝いをするものです。

たとえば、採用担当者や役員など、採用関係者に「求める人材像」のイメージをヒアリングし、そのキーワードを「スキル・ディメンション（資質）」に落とし込んで可視化します。その企業のコア・コンピタンス（競争力の中心となる得意分野や能力）や該当するキーワードの数量をもとに、抽出した資質の優先順位を検討して、採用基準や評価ポイントを明確にしていくコンサルティングサービスです。ＡＩ面接サービス「ＳＨａｉＮ」の導入効果を最大限に高めることができる強力なオプションです。

また、少し料金は割高になりますが、すぐに面接の結果を知りたいという企業向けに、面接終了後24時間以内にレポート納品を行うサービスも予定しています。

Q8 一次よりも二次面接で採用したいが……。

採用のプロセスは企業によって異なるでしょうが、エントリーしてきた学生を会社説明会に呼んで、適性検査などのペーパーテストを行い、その後、一次面接、二次面接、最終面接というのが一般的な流れであると思います。その中で、どの段階でＡＩ面接を導入するかといえば、われわれは一次面接での利用をおすすめしています。

ＡＩ面接はＡＩと学生の１対１の個人面接になります。企業によっては、時間の制約などから、最初にグループ面接を行って選抜し、その後に個人面接を行うところもあります。

前にもお伝えしたように、ＡＩ面接で見抜ける資質は11で、すべての資質が見抜けるというわけではありません。インバスケットやグループ面接のほうが見抜きやすい資質もあります。ですから、グループ面接もやはり必要であると私は思っています。

また資質には組織力、計画力、権限委譲、統制力、分析力など実にさまざまなものがあります。その中で判断力や決断力はどちらかといえばマネジメント層を採用するときに必要な資質で、新卒採用のときにはあまり見なくてもいいのではないかと思っています。

以前、楽天の元副社長で現U-NEXT副社長・エンジェル投資家でもある島田亨さんがおもしろい話をされていました。人の能力をコンピュータにたとえていたのです。

コンピュータはCPUが重要で、CPUによって処理編纂能力とスピードが決まってきます。これは人の資質にあたる部分。メモリはいわゆる偏差値とか学力のようなもので、メモリをたくさん積んでいればそのコンピュータは優れているかというと、そうではないというのです。非常にうまいたとえ話だと思いました。

人に当てはめてみると、メモリをたくさん持っている学生は、見かけでわかりやすい。学歴や成績を見ればいいからです。CPUは学歴ではなく資質。

採用では、本来はこれを見て選考しなければならないのです。メモリは後から増設できますが、CPUは交換できません。

つまり、人間ならメモリは後天的な要素であって、教育することが可能です。ですから、その部分を見て採否を判断することはナンセンスだということです。先天的な資質を面接で見抜いて採用し、後天的な要素は教育して伸ばすというのが正しい。だとすれば、先天的な要素で見抜くことは採用時にしかできません。

学歴は、あくまで通っている大学の偏差値です。大学で4年間勉強するということはそれなりに素晴らしく意味のあることですし、いい大学に行けるなら行っておいたほうがいい。

学歴によって足切りをする企業も多いと思いますが、それは偏差値の高い大学にいけばいくほど、資質が高い人が含まれる割合が高いということで判断しているにすぎません。資質の高い人が100人中1人しかいないのか、100人中20人いるのか。やはり、偏差値の高い大学の学生のほうが、資質が高い人が含まれている可能性は高いでしょう。しかし、すべての学生がそうとは限りません。それがうすうすわかっているから、企業のみなさんも採用に苦慮しているわけです。

本来は大企業よりも中小企業のほうが学歴よりも資質を見たほうがいいのに、中小企業や地方の企業のほうが学歴を気にしているように感じます。これは不思議です。中小企業のほうが人を集めるのが大変なのですから、まず、学歴にかかわらず、資質の高い人を見極めることが大切です。

現在の選考では、メモリである学歴を先に見て、その中からＣＰＵが優れているかどうかを見る面接になっています。それは順番が逆です。まず、ＣＰＵが優れているかどうかを見て、その後にメモリの容量をみるのが正しい道筋でしょう。

従来はさまざまな条件によってそれが不可能だったのですが、ＡＩ面接ではそれが可能になりました。ですから、二次面接よりも、一次面接でＡＩ面接サービス「ＳＨａｉＮ」を導入していただき、学歴などに関係なく、より多くの人の資質を把握したうえで、次（二次面接）の候補者を決める。それが有効な使い方だと思っています。

Q9 「SHaiN」の導入で、面接は不要になる？

ＡＩ面接サービス「ＳＨａｉＮ」を利用することで、一次面接の手間が省けると、その分、採用力の中の「動機づける力」に注力できるようになるでしょう。では、一足飛びに人による面接が不要になるかといえば、それは違います。

なぜならば、ＡＩは企業文化や社風・哲学の一致などの判定ができないため、最終的には人による面接は必要なのです。

「ＳＨａｉＮ」で受験者の資質を見抜き、二次面接では深掘りをして、最終面接では求める人材としての能力案件をクリアした受験者のうち、欲しい人だけを採用するという流れになれば、ＡＩ面接→最終面接という流れもあり得ると思います。

そうなれば、やはり、**動機づける力**が問われることになるのではないでしょうか。**今後はＡＩで面接を受けるか、面接官による面接を受けるか。学生が選べる時代になってくるのではないかと予想しています。**

ドライビング・スクールで教官を選べるように、学生側に選択権がある企業のほうが、人気が出る傾向にあります。ＡＩ面接サービス「ＳＨａｉＮ」をうまく活用することは、企業にとって大きなメリットがあるといえるでしょう。

第６章

「ＡＩ時代」の変化に対応すべきは人事部である！

今後ますます、採用活動にＡＩが導入されることは間違いないでしょう。その変化の波の中で、採用の最前線に立つ人事部はどう変わっていかなければならないのでしょうか。

本章では、ＡＩ時代の人事部のあり方について考えていきましょう。

人事の本来の仕事とは？

ＡＩの導入・人事業務のＩＴ化によって、今後も人事部の業務は省力化していくでしょう。しかし、業務のすべてが自動化されることはありません。むしろ、自動化によって「人にしかできない仕事」に注力できる環境が整い、その重要性が増すはずです。

では「人にしかできない」人事部の本来の仕事とは何でしょうか。

人事の仕事は、大きく三つに分かれます。

まずひとつめは、人材を**「集める力」**です。自社の魅力を広くアピールし、優秀な人材に多数エントリーしてもらうことです。有名企業や大手企業は黙っていてもエントリーする人が大勢いますが「B to Bで知名度がない」「地方の企業である」といった場合、どうしてもエントリーしてくれる人が限られます。

そこで、リクナビやマイナビといった就活サイトに特集記事を掲載したり、いろいろな仕掛けをしたりして、何とかエントリー数を増やそうと努力するわけです。

2つめは**「選び抜く力」**です。文字通り、エントリーしてきた学生の中から、自社に必要な人材を選びます。ここでは受験者の資質を見抜くための面接が重要で、そのお手伝いをするのがAI面接サービス「SHaiN」です。

3つめは**「動機づける力」**です。これは、具体的には「受験したいと思う気持ち（集める動機づけ）」と「入社したいと思う気持ち（内定後の動機づけ）＝内定辞退防止」で、これは、学生に「この会社はおもしろそうだな。ぜひ、入社したい」と思ってもらえるような働きかけをして、入社を決めてもらう力です。どんなに「入社してほしい」と思って内定を出しても、他社に行かれてしまえば意味がありません。

私はこの3つの力が重なり合うところを**「採用力」**と定義しています。

「戦略採用」は「集める力」「選び抜く力」「動機づける力」の3つが一体となって初めて、その企業採用活動を成功に導きます。

（図10）企業の採用力

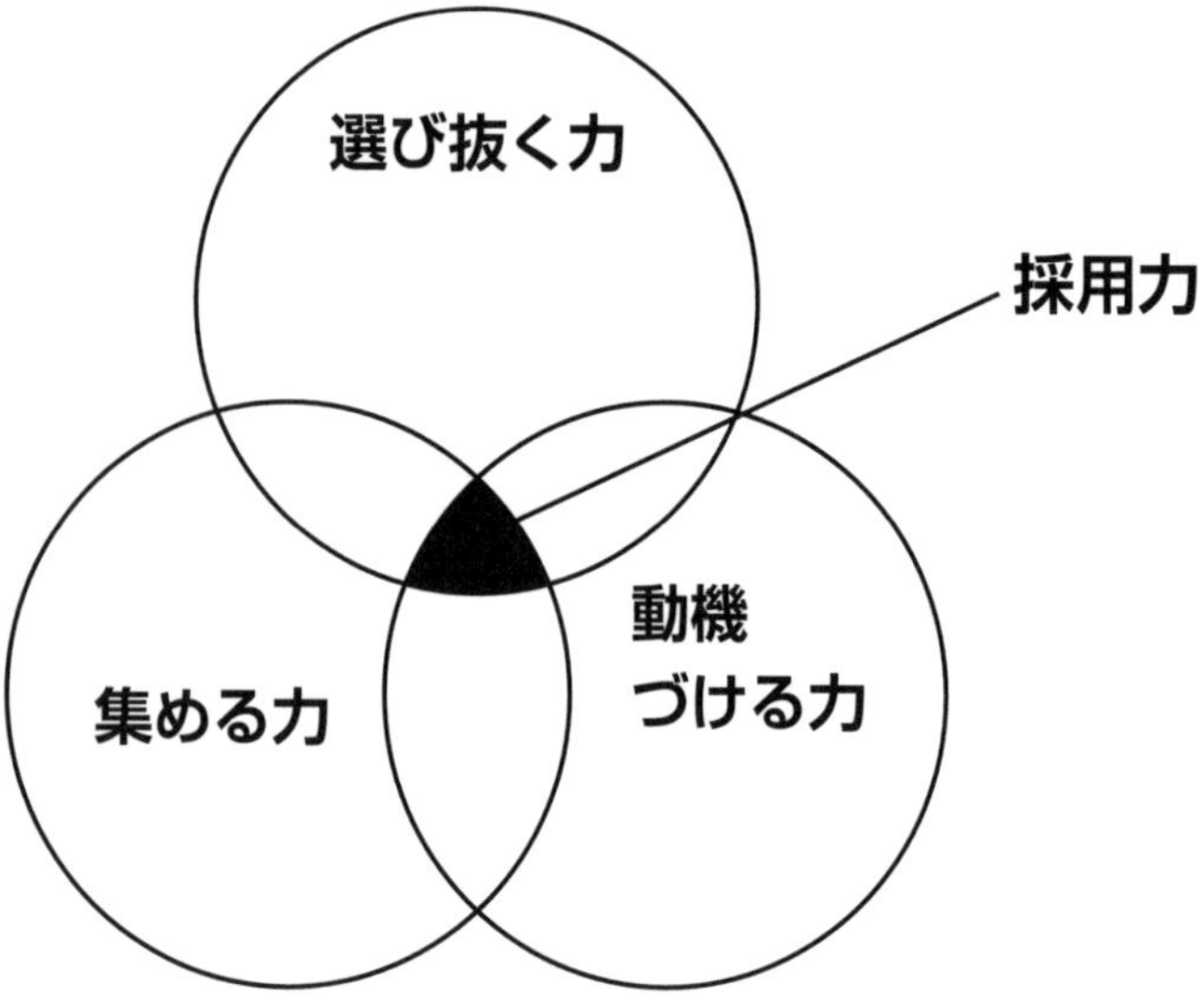

ところが、現在の企業の動きを見ていると、「集める力」や「動機づける力」ばかりに注力し、「選び抜く力」がおざなりになっているような気がしてなりません。
たとえば、こんな方程式があります。

集める力×選び抜く力×動機づける力＝採用力

として、それぞれに数字をあてはめてみましょう。

5×3×5＝75

となります。
この現状を打破し、採用力を上げようと「集める力」に2を足します。

（5＋2）×3×5＝105

になります。
しかし、この力を入れる部分を「選び抜く力」に代えて、「2」を足したら

5×（3+2）×5=125

になります。

どこに注力するかで、最大値が変わり、採用力強化の効果が違うわけです。それぞれが掛け算をすることが採用力ですから、自社が弱いのはどの部分かをよく知ることが必要です。

「選び抜く力」はAI面接サービス「SHaiN」を導入することで、アップさせることができますから、今後の採用活動でさらに「動機づける力」に注力できると私は考えています。

つまり、**入社や仕事へのモチベーションをアップさせることが、人事担当者の仕事です**。AIにはまだ「人をワクワクさせること」ができません。人には人をワクワク

（図11）採用を成功に導くために必要な３つの力

集める力	×	選び抜く力	×	動機づける力	＝	採用力
5	×	3	×	5	＝	75
7	×	3	×	5	＝	**105**
5	×	**5**	×	5	＝	**125**

させることができます。そこの部分がＡＩと根本的に違います。

人はどうやって入社する企業を選択するかといえば、**「頭で考えて、心で決める」**ものです。会社を選ぶとき、まずは「会社の規模は？　福利厚生は？　給与・ボーナスは？」ということを「頭」で考えます。

けれども、入社するかどうかを決断するときは「会社の条件」ということはどこかに置き忘れています。「こんな先輩がいるから、この会社で働きたい」「こんな仕事ができるから、この会社で頑張りたい」と「心」で決めています。

だからこそ、心を動かすための「動機づける力」が重要になります。特に現在のように売り手市場の場合は、内定辞退ということも考えられますから、欲しい人材としっかりコンタクトを取り、十分な動機づけが大切になります。

もちろん、エントリー数が少ないという企業の場合は「集める力」も重要です。ＡＩが勝手に人を集めてくれるわけではなく、あくまで選考部分をサポートしてくれるわけですから。

「集める力」「選び抜く力」「動機づける力」。

この３つが均等であることで、採用力が最大値になることを憶えておいてください。

最終面接で役員がすべきこと

一次面接をAＩ面接サービス「ＳＨａｉＮ」で行って、二次面接では管理職による面接を実施すると、いよいよ最終の役員面接になります。

この段階では受験者の資質の評価は十分行われているはずですから、残っている人の誰を採用しても問題はないはずです。

では、何のために最終面接を行うのでしょうか。

それは自社のカラーや文化といった目に見えないもの、「社風」と言い換えてもいいかもしれませんが、最終面接に残っている人が、自社の社風に合うかどうか。あるいは「一緒に働きたい」という気持ちを持てる人かどうかを判断するのです。これこそ目に見えず、数値化できないものですから、役員の経験と勘に頼るものです。それを判断するのが、役員の仕事です。

そして、人はおもしろいもので、やはりどうしても最終的に「選ばれた感」が必要です。人は人に選ばれたいのです。ですから入社試験をしない企業は人気があるかといえば、意外に人気がないのです。むしろ入社試験をして人を選んでいる企業のほうが、人気がある。最終面接でも、「あなたに入社してほしい」というアピールは大切です。

最終面接では自社と受験者の相性を見ること。これこそがＡＩにはできない仕事です。

企業価値のブランディングは人材から

企業の価値を高めるブランディングには３つの種類があります。

コーポレート（企業）ブランディング、プロダクト（商品）ブランディング、そしてヒューマン（人材）ブランディングです。

このうち、コーポレートブランディングとプロダクトブランディングは企業の売上に直結するため、どの企業も積極的に取り組んでいます。しかし、ヒューマンブランディング、つまり「その企業でどんな人材が仕事をしているか」はあまり問題にされていません。これはどちらかといえば「経営者が誰か」ということが指標のひとつになっていました。

しかし、経営者というのは会社組織のピラミッドの頂点というだけの話であって、企業としてはピラミッド全体が重要です。

企業が存続、成長していくためには時代のニーズをキャッチし、常に新しい価値を付加したり、変化に対応した商品・サービスを提供しなければなりません。そして、それに対応し続けるには、その商品やサービスを創り出す人材が不可欠です。人材は企業における血液であり、成長のためのエンジンでもあるのです。

多くの投資家は「その企業が何をしているか、どんなものを扱っているかで投資するのではなく、どんな人がいるかで投資を決める」と言われます。今後は人事部が中心となって、積極的なヒューマンブランディングを行うことが重要な時代になると思います。

社員にとってベストの環境を整え、パフォーマンスをあげる

入社時のＡＩ面接のレポートは、その後の配属や昇進の判断にも大いに役立ちます。

たとえば、「イニシアティブとバイタリティと自主独立性が特に高い」という人を採用したとしましょう。この3つの資質が高い人は、リーダー的な資質も備えているのですが、そういう人をいつまでも部下として仕事をさせていたらどうなるか。辞めてしまいます。

反対に、リーダー的な資質を備えている人が、リーダー的な資質を備えていない人の部下になった場合はどうなるでしょうか。やはり、辞めてしまいます。

イニシアティブが全然なく、反対にバイタリティと自主独立性が高い人というのは、言葉より先に結果を出すタイプという傾向があります。開拓的ではないけれど、課題を与えられると責任をもって成果を出して、粘り強く物事を実行する力を持っています。目立たないけれども内面には信念を持っていて、頑固な部分もあります。自らが他人に影響を与えようとしないので、拡がりに欠けるところがありますが、自分自身と信念が合った上司がいると一所懸命についていき、上司の右腕になっていくタイプです。

ただ、上司になる人にも同じような信念を求めてしまうので、信念が合わない上司の下につくと、そっぽを向いてしまいます。こういうタイプは営業の第一線にいるよりは、ルートセールスや内勤のほうが適しています。

では、先ほどの「イニシアティブもバイタリティも高くて、同じように自主独立性も高い」人が内勤に向いているかといえば、そうではありません。そういう人はむしろ営業に向いています。営業でも新規開拓を行うような、挑戦的な仕事をするほうが向いています。

このように、その社員の資質に合わせて、その人の能力が発揮できる環境に置くのが適材適所ということです。

「営業」だけに限らず、どのような資質があるからどこの部署に向いているかというのは、企業が１００あれば１００通りのルールがあって、さらに職種が何通りもありますから、その企業でないとわからないことです。ただ、自社であれば「この仕事にはこういう人が向いている」ということはわかっているはずです。たとえば、ずっとお客さんに接するような仕事なのか、それとも社内だけで完結する仕事なのか……。

本来、ＡＩ面接官で評定できる11の資質、そのすべての掛け合わせが適材適所のために必要であるということはさておき、ここではわかりやすく整理するために、「**バイタリティ**」「**イニシアティブ**」「**自主独立性**」「**対人影響力**」「**感受性**」「**柔軟性**」という6つの資質に絞ってお話ししましょう。それぞれの資質については、本書の57ページから59ページをご参照ください。

まず、どんな職種やポジションであっても、ビジネスパーソンに必要なのは「**バイタリティ**」です。なぜならバイタリティがなければ、責任感や最後まで仕事をやり抜く粘り強さがありません。そういう人は仕事の途中でも辞めてしまいます。

バイタリティが高いことは大前提として、営業職で活躍できるのは、対人影響力、感受性、柔軟性が平均以上、10段階でいうなら、6〜7以上の人です。バイタリティとイニシアティブがあれば、すべての人が営業に向いているかということに関しては、批判的な人もいます。あくまでもそれぞれの資質の掛け合わせの一部ですが、最低でも営業として新規開拓を行うなら、**イニシアティブ**は必要です。

ただし、イニシアティブが高すぎる場合には、開拓精神が強すぎるので、同じ営業でもルートセールスには向きません。逆に言うなら、ルートセールスであれば、イニシアティブが高くなくても大丈夫だということになります。

チームの中で役割分担し、協力しながら目標を達成するような「チームワーク型」の業務は、バイタリティが必要なのはもちろんですが、**感受性と柔軟性が高い人が適**

しています。感受性と柔軟性が高い人は、自分の意見に固執せず、相手の意見を理解してあげられる力と、他人が困ったときに助けてあげられる力を持っています。

では、マネージャー（管理職）に向いている人とそうでない人はどうでしょうか。

一般的に他人を巻き込む力、**リーダーシップ**は、対人影響力で知ることができます。加えて部下の痛みを察して手を差し伸べることができる**感受性**と、全体の目標達成のために方向転換が必要なときには柔軟に対応できる**柔軟性**。この3つの資質が高ければ、マネージャーとしては非常に優秀といえます。

ところが、日本では柔軟性が高く、自主独立性と感受性が低い人が管理職になっているケースがよく見受けられます。柔軟性が高い人は素直で、自主独立性が低いと、上司には従順だからです。

しかし、感受性が低いのですから、部下の痛みや苦しみがわかりません。上に言われたことはたとえ無理難題であったとしても、それを部下に押し付けたりします。いわゆるパワハラするタイプです。こういう人が上司にいると、部下はモチベーションが上がりません。マネージャーになる人には、感受性が非常に重要なのです。

ただし、これが経営者などのトップになると、話はまた別です。

企業のトップには、自主独立性が必要ですが、これと対極にあるような柔軟性も同時に必要だからです。また、感受性が高すぎると、リストラが行えないといった問題も生じてきます。経営者には感受性が必要ですが、時には押し殺すチカラも必要になってきます。

こういったデータをどう読み解き、組み合わせて配属や昇進を決めていくか。難しいですが、これが適材適所です。

ＡＩ面接サービス「ＳＨａｉＮ」を導入する企業なら、入社時に資質のデータを取ることができ、評定レポートで大まかな傾向は確認できます。採用部門はその利点を生かし、採用だけでなく、人事異動にも大きく関わることができるようになるのではないでしょうか。

ビッグデータの蓄積によって、人事戦略や社員のアセスメント（評価）に活用できる

新卒採用の学生の時点でＡＩ面接を受けていれば、その資質のデータは残りますが、既に社員として働いている方々にもＡＩ面接を受けていただくことは大きな意味があ

ると思います。その理由は、ビッグデータとして活用できるように全社員のデータを蓄積し、人事戦略や社員のアセスメント（評価）に活用できるからです。

そのビッグデータには、面接時の受け答えや資質データだけでなく、採用後の昇格や離職の状況も合わせて記録されるため、それを活用することで人材の適材適所の配置が可能となります。

たとえば、長期間にわたるプロジェクトを計画するときに、どのような資質の社員を配置したらよいかの判断材料にしたり、また、ビッグデータから配属先によっては「3年以内に離職する可能性」を割り出すということもできることでしょう。

このように、ビッグデータの蓄積でもって個々の資質を判断できるので、戦略的な人事ができるのがAI面接サービス「SHaiN」の長所です。

日本の企業というのは、ほとんどが新卒入社です。社員全員が転職組というのはベンチャー企業ぐらいのものです。ある老舗企業の場合、新規事業を展開する場合をのぞけば、定年退職する人が10人なら、新卒で採用するのも10人という入れ替えをしています。中長期的なマネジメントは新卒者に負うところが大きいので、彼らをどう教育して、どう活かすかが重要になります。

その人が本来持っている資質は変わりにくいものですが、変わらないとは言い切れません。

たとえば、水は99度までは液体ですが、100度に達した瞬間、全く別の物体である水蒸気に変わります。しかし水も水蒸気も、どちらも元素記号はH_2Oであり、同じものです。それは温度という環境が変わったからで、もとの水が変わろうとしたわけではありません。これをティッピングポイントといいます。これは労働環境も同じです。

その人を活かせるような環境に置くこと。能力が全体的に高いのに、伸び悩んでいる人がいたら、それは置かれている環境が悪いということです。資質が高いのにいいパフォーマンスがあげられないのは、環境に左右されている場合が多いのです。たとえば上司と合わないとか、その仕事自体がその人に合っていないとか。

転職して大成功する人がいますが、それはその人自身が変わったからではなく、もともと高い資質を持っているのに、置かれていた環境が悪かったのです。転職して成功したのは、その環境が良くなったというだけの話です。

さらには教育も大切です。不自由な点や不足している点を教育するからこそ、人は前に進めます。そして、成長するのです。

研修と称して、管理職が一斉にチームワークの勉強会などに呼ばれたりします。チームワークがうまくとれない人には有効な勉強会でしょうが、同じ管理職だからといって、もともとチームワークの資質が高い人にチームワークの勉強をさせても意味がありません。同じように営業力のある人に営業の研修をさせるのもナンセンス。

すべての社員にAI面接サービス「SHaiN」を受けてもらい、それぞれの資質が把握できていれば、このような無駄は生じなくなります。社員全員の結果を踏まえてアセスメントを行う。若手社員の育成ポイントを検討する際の資料にも使えるだけでなく、配置転換時の参考資料やハイパフォーマーの分析にも使用できるので、人事部の強い味方になります。

「SHaiN」を使用し、面接官を育てる

AI面接サービス「SHaiN」は、一次面接で導入していただくことを想定していますが、企業によっては「最初から自分たち社員が面接して採用したい」というと

ころもあります。企業にはそれぞれ文化や考え方がありますから、それはもちろん、尊重すべきです。

むしろ、そういう企業には、自分たちの面接によって内定を出して入社した人に「SHaiN」を受けてもらい、「答え合わせ」をしてもらうことをおすすめします。

採用に関して、面接官は非常に重要な役割を担っています。しかし、その面接官が優秀かどうかを見極めるということはとても難しい。私のところにも大手企業からそういった相談が来ています。

面接官の評価は、入社した人のパフォーマンスを評価することで明らかになります。新卒で入社した人が実績を上げるまで早くて3年、5年ぐらいはかかるでしょう。入社5年後に素晴らしいパフォーマンスを上げている社員を「面接して選んだのは誰だ」ということで初めて、面接官の評価ができるという気の長い話です。また、5年後は採用に携わっていないこともよくあることです。

面接官は「会社が求める人材」を選ぶように、面接を行ったはずです。面接官の面接レポートと、「SHaiN」の面接評定レポートを比較し、一致していれば、その面接官の面接は成功しているということです。

仮に、会社側の求める人材は「バイタリティ」を必要条件としているのに、入社した人のバイタリティが低いと困ることになります。つまり、面接官のレベルをチェックし、トレーニングするために答え合わせを行うのです。トレーニングは、何が良くて何が見抜けていなかったのか、答えがわからなければトレーニングのしようがありません。答え合わせができれば、面接官のレベルははっきり出ます。

面接官には厳しいことかもしれませんが、より精度の高い面接ができるようにスキルの向上が求められます。

売り手市場の今こそ、ＡＩ採用が重要に！

学生にとって有利な「売り手市場」といわれる現在。売り手市場というのは今に始まったことではありません。景気が上向いているとき、たとえばバブル期もそうでした。ところが今となっては「バブル組は使いものにならない」という話をよく耳にします。どうしてそう言われるかといえば、当時はきちんとした「見抜く面接」を行っていなかったからです。

「歴史が繰り返されるわけではないが、韻を踏む」という欧米の格言があります。過去の出来事は、将来を予言しているのと一緒です。バブル期採用と同じように、売り手市場で入社した人は、転職しようと思っても、はじき出されてしまいます。浮かれていられるのは新卒入社するときだけなのです。

ですから、売り手市場のときに学生がやらなければならないのは、ほんとうに行きたい会社に行くことです。それができなかった人は途中で転職したくなってしまうので、最悪の結果になります。転職市場ではバブル組と同じように、売り手市場の時期の人材は「使えないカテゴリー」に入れられてしまうからです。

そんなバブル期と同じ轍《てつ》を踏まないように、企業がやるべきことは、**売り手市場のときほど、その人の資質を見抜くチャンスであるということを忘れずに、選考に注力すること**です。

また、売り手市場の時期は、入社への動機づけができていないと、内定を出しても辞退される可能性があります。その分も見越して、少し水増しして内定を出すこともありますから、余計に玉石混淆になってしまうのです。そういう状態が売り手市場です。しかし、以前なら難しかった「戦略採用」の手法が今なら可能ですから、売り手市場の今こそ、採用活動を見直し、人事部こそが変わるチャンスです。

バブル期採用の失敗の轍を踏まないための対策は、まさにAIにあります。時間がなくても、見抜くことが可能になったのです。

日本の経済成長の回復に時間がかかっているというのは、人に起因しているということもあると思います。バブル期入社の「資質を見抜かれずに入社した人たち」が企業の中核を成す層にいて、企業の動き自体が硬直化しているのかもしれません。いずれにしても、企業も経済活動も人が動かしている。そして、そのサポートをしてくれるAIを上手に使っていくことが、これからの社会では求められています。

人は本来、変化を嫌います。しかし、**AIの導入による採用活動の変化で、変わっていかなければならないのは学生ではなく、むしろ人事部です。**

世の中に自動車が登場したとき、人は馬と自動車のどちらを選択したでしょうか？

馬を育てていた家畜業者は「仕事がなくなる」と思って、自動車を疎ましく思ったでしょうし、馬を操る御者も仕事を失いました。自動車は自分で運転できるし、簡単には壊れない。そういう時代になって、一度、便利な方向、楽な方向へ動き出せば、すべての過去はなくなっていきます。

だからこそ、その時代の人たちは次に何かを考えなければなりません。自動車の部品を作ったり、タイヤを作るということもできるはずです。

ゴールドラッシュの時代に、いちばん儲けたのは金を見つけた人ではなく、ジーンズを作ったリーバイスだったというのは有名な話です。

それと同じことです。そこを見誤ってしまうと、人事の仕事がＡＩに取って代わられるということもあり得ます。

ＡＩはその仕事を奪うのではなく、新しい仕事を生み出すためにある。

私はそう信じています。

おわりに

今、日本は少子化時代を迎え、働き方に対して大きな変革期を迎えようとしています。

総務省が発表している人口統計から計算すると、数年後には新入社員の人数よりも定年退職者の人数が上回ることが確実です。つまり、今のままの売り上げを維持するためには、どんなに頑張っても一人当たりに対する仕事量は増えることになるのです。最近、政府は躍起になって「働き方改革」の旗振り役を担っていますが、これは、単純に働き方を変えて労働時間を減らそうという意図ではないように感じます。今のうちから、近い将来確実に到来する労働人口の減少に対策を打って出ているのではないでしょうか。

そこで、いかにして「働き方」を変えていくのか？　という問いかけに対し、本書ではＡＩ面接が重要な役割を果たすことをご説明しました。

本書の冒頭でも申し上げましたが、自分たちの仕事が将来ＡＩに奪われるのではと大きな危機感を覚えている人は少なくないことでしょう。

しかし、ＡＩとうまく共生していかなければ、人口が減少している中、日本は経済環境を維持できないと言っても過言ではありません。猫の手も借りたいほどの状況になると予想される労働人口の減少にいかに対応するのか、いや、しなければならないのかを、私たちは考える必要があるのです。

仕事には必ず優先順位というものがあります。

優先順位は「重要なこと」と「緊急なこと」の２つの指標で区分することができます。この「重要なこと」と「緊急なこと」を掛け合わせてマトリックスで捉えると、

・「重要かつ緊急なこと」
・「重要だが、緊急でないこと」
・「緊急だが、重要でないこと」
・「重要でも緊急でもないこと」

の４つに分類できます。

それぞれの分類に、人間とＡＩの役割を当てはめ、考えてみましょう。

「重要なこと」は、必ず人間がすべき仕事です。「重要なこと」とは、知恵を絞り感

性で仕事をするような仕事のことです。美しいものを美しいと判断すること、喜びを与えたいと思うこと、悲しいことに涙すること。これらは人間でしか感じることができない感性や感情であり、決して他人に任せることができないものばかりです。

この感性や感情は、ＡＩに教えるどころか、人に対してさえも教えることができません。だからこそ、「重要なこと」は人間でしかできない、むしろ人間がしなければならない仕事なのです。つまり、「重要かつ緊急なこと」と「重要だが、緊急でないこと」は、人間がすべき仕事ということです。

それに対して、「重要でないこと」とは、どのような仕事なのでしょうか。

これは、単純な作業はもちろんですが、感性や感情で捉える必要のない仕事ということになります。

人を評価するとき、「感情に流されないように」ということは、よく耳にする言葉であると思います。言い換えれば、評価（面接）は感情で判断してはならない仕事ということになります。つまり、感性や感情で判断しない、もしくは、してはならない仕事は「重要でない」仕事であり、人がすべき仕事ではないということです。

少し乱暴な言い方をするならば、ロボットやＡＩに置き換わっても支障のない仕事、置き換わるべき仕事ということになります。

もちろん本書で説明している通り、すべての面接をＡＩに替えるべきと言っているわけではありません。面接には、本来の能力である資質を見抜く役割と、入社への動機づけとなるコミュニケーションとしての役割があるからです。前者はＡＩに任せるべき仕事ですが、後者は人間が担うべき仕事です。

人間とＡＩが共生し、それぞれが不得意とすることを補完し合うことにより、今までに類を見ないほどの完成度の高い採用が実現するに違いありません。

ＡＩ開発者の多くの方々が口にする言葉ですが、本来ＡＩは、人間の生活を改善し、楽にするために開発されています。人間が担ってきた物理的な制約を解消するばかりでなく、病気を早期に発見したり、文章を翻訳したりするなど素晴らしい能力を持っているのです。

確かにＡＩの圧倒的な能力は、時に人間を脅かすほどの恐怖を感じさせるかもしれません。しかし、ネガティブな要素をうまくコントロールさえすれば、きっと私たちの社会にとって良い方向に向かっていくと思います。

そして今、ＡＩ面接サービス「ＳＨａｉＮ」の登場が、採用環境に大きな変革をもたらし、より多くの企業のチカラになることを心から願っております。

この本の執筆にあたっては、メディア・サーカスの作間由美子さん、飯嶋容子さん、そして、中川和子さんに多大なるご協力をいただきましたこと、深くお礼申し上げます。また、東京堂出版の吉田知子さんをはじめ皆様には、私の力不足を補っていただきながら本書の出版にご尽力いただきましたこと、併せてお礼申し上げます。

最後に、いつも最高の仕事環境を提供してくれている妻、そして成長の過程で多くの喜びと幸せを与えてくれる息子の慧士に、この場を借りて感謝します。

いつもありがとう。

２０１７年10月吉日

株式会社タレントアンドアセスメント
代表取締役　山﨑俊明

＜ＡＩ面接サービス「ＳＨａｉＮ」のお問い合わせ先＞

株式会社タレントアンドアセスメント

電話　03-6435-8621
ホームページ　www.taleasse.co.jp/

装丁：斉藤よしのぶ
協力：有限会社メディア・サーカス
編集協力：中川和子

山﨑俊明（やまさき・としあき）

1973年、大阪府生まれ。大阪学院大学商学部卒業後、株式会社大正銀行に入社。優秀外交賞を最短記録で受賞。1999年、アクサ生命保険株式会社に入社。2002年、世界中の生命保険・金融サービス専門職毎年トップクラスのメンバーで構成されるＭＤＲＴ（世界100万ドル円卓会議）会員資格を同社最年少で取得。その後、大阪ＬＡマネージャー、仙台ＬＡ支社副支社長、金融法人営業部副部長など、すべて最年少で歴任。2011年、株式会社Ｔ＆Ａパートナーズを、2014年株式会社タレントアンドアセスメントを設立し、両社の代表取締役に就任。「戦略採用メソッド」を中心に採用ソリューションズの提供を開始。また、2015年から株式会社アキタのブランド卵「きよらのグルメ仕立て」のブランディング責任者となり、2016年には日本の広告業界でもっとも栄誉ある「ACC CM FESTIVAL」においてマーケティング・エフェクティブネス部門で総務大臣賞／ACCグランプリを受賞。2017年には、日本初のＡＩによる面接代行サービス「SHaiN」を開発・発表し、いま新聞・テレビ・雑誌などで最も注目されている起業家の一人。著書に『成功者への手紙』（総合法令出版）、『すべての成功はこの手紙から始まった』（メディア・サーカス〈電子版のみ〉）、『戦略採用』（東京堂出版）がある。

AI面接＃採用（エーアイめんせつハッシュタグさいよう）

2017年10月25日　初版印刷
2017年11月５日　初版発行

著　　者　山﨑　俊明
発 行 者　大橋　信夫
発 行 所　株式会社 東京堂出版
〒101-0051　東京都千代田区神田神保町1-17
電　話　(03)3233-3741
http://www.tokyodoshuppan.com/
Ｄ Ｔ Ｐ　株式会社オノ・エーワン
印刷・製本　中央精版印刷株式会社

ISBN 978-4-490-20973-0 C0034